U0115715

铸魂草原

钱学森草产业理论探索

夏日　编著

远方出版社

图书在版编目（CIP）数据

铸魂草原：钱学森草产业理论探索 / 夏日编著. --

呼和浩特： 远方出版社，2023.5

ISBN 978-7-5555-1793-1

Ⅰ．①铸… Ⅱ．①夏… Ⅲ．①草原 – 畜牧业 – 产业 –

研究 – 中国 Ⅳ．① F326.35

中国国家版本馆 CIP 数据核字（2023）第 071103 号

铸魂草原——钱学森草产业理论探索

ZHUHUN CAOYUAN QIANXUESEN CAOCHANYE LILUN TANSUO

编　　著	夏　日
责任编辑	云高娃
封面设计	李鸣真
版式设计	韩　芳
出版发行	远方出版社
社　　址	呼和浩特市乌兰察布东路 666 号　邮编 010010
电　　话	（0471）2236473 总编室　2236460 发行部
经　　销	新华书店
印　　刷	内蒙古爱信达教育印务有限责任公司
开　　本	787 毫米 × 1092 毫米　1/16
字　　数	340 千
印　　张	24
版　　次	2023 年 5 月第 1 版
印　　次	2023 年 5 月第 1 次印刷
标准书号	ISBN 978-7-5555-1793-1
定　　价	68.00 元

谨以此书献给钱学森院士和蒋英教授

钱学森草产业理论

钱学森草产业理论揭示了草原畜牧业的发展规律——草畜经营统一；

是一个保护建设草原生态、发展壮大草原畜牧业的理论；

是一个科学开发利用占 40.9% 国土面积财富资源的理论；

是一个补齐短板，增强供给侧能力的理论；

是一个促进农业产业革命、乡村振兴、健康美丽中国建设，缩小消灭三大差别、两大差距，实现共同富裕的理论。

钱学森的教导与重托
——建立内蒙古沙草产业

2004年12月25日，在钱学森院士家中，夫人蒋英（左二）、刘恕同志（右二）听取夏日同志（右一）关于内蒙古沙草产业发展情况的汇报，钱老说："你们要把沙产业草产业推向全中国、推向全世界。"

习近平总书记指出

　　我国农业正处在转变发展方式、优化经济结构、转换增长动力的攻关期，要坚持以农业供给侧结构性改革为主线，坚持质量兴农、绿色兴农，加快推进农业由增产导向转向提质导向，加快构建现代农业产业体系、生产体系、经营体系，不断提高我国农业综合效益和竞争力，实现由农业大国向农业强国的转变。

　　走质量兴农之路，要突出农业绿色化、优质化、特色化、品牌化。农民种什么、养什么，要跟着市场走，而不是跟着政府走。现在讲粮食安全，实际上是食物安全。老百姓的食物需求更加多样化了，这就要求我们转变观念，树立大农业观、大食物观，向耕地草原森林海洋、向植物动物微生物要热量、要蛋白，全方位多途径开发食物资源。要做好"特"字文章，加快培育优势特色农业，打造高品质、有口碑的农业"金字招牌"。实现质量兴农，既要产得出、产得优，也要卖得出、卖得好。

——摘自《习近平关于"三农"工作论述摘编》

（中央文献出版社，2019 年 4 月第 1 版）

序

钱永刚

摆在读者面前的这本书，作者是一位蒙古族老同志。这本书是他结合几十年的工作经验，对钱学森知识密集型大农业理论，尤其是沙草产业理论进行学习、研究、探索的成果。一位少数民族老同志居然对钱学森知识密集型大农业理论有如此深刻的学习成果，让人颇感意外。这也成了本书的一大特点，故向读者推荐。

回想内蒙古沙产业、草产业协会成立时，钱学森发给协会的贺信指出：沙产业草产业将成为内蒙古自治区新的经济增长点。那时人们对这句话并不是很理解，以至于在此后搞沙草产业的劲头不如搞"羊（羊绒）、煤（煤炭）、土（稀土）、气（天然气）"那么大。后来，随着大家的认识逐步深化和提高，才有了内蒙古自治区党政领导在社会团体的参与及广大干部群众努力下的大手笔：鄂尔多斯的库布其沙漠和毛乌素沙地，已看到了消失前的景象；通辽市开展了120万亩科尔沁沙地的大规模改造，使其成为我国八大沙漠、四大沙地中首个实现整体"绿进沙退"的地区；阿拉善盟把发展特色沙产业作为突破口，采用"多采光、少用水、新技术、高效益"的沙产业技术路线，倾力打造国家重要的沙产业示范基地。目前，全盟已形成300万亩野生及人工锁阳，180万亩野生及人工苁蓉和20万亩野生及人工甘草三大基地。其中"阿拉善肉苁蓉""阿拉善锁阳"被原国家工商总局正式批准注册为地理标志商标。借助这些丰富的沙生植物资源，阿拉善盟还不断延伸产业链条，打造下游产品，增加产品附加值，先后引进了宏魁苁蓉、金沙苑、蒙草、圣牧等多家沙产业龙头企业，开发出的酒类、药品、保健品、食品等一系列产品远销区内外，并带动了加工、贮藏、包装、运输等相关产业发展。阿拉善盟在发展沙草产业中实现了生态和生计兼顾，治沙与致富，"绿起来"和"富起来"双赢的目标。尤其是阿拉善盟改造150万亩乌兰布和沙漠的宏伟规划，为我们展现了"绿进沙退"的美好前景。

在各地广大干部群众的努力下，内蒙古土地荒漠化、草原退化治理取得举世瞩目的成绩，并在土地荒漠化、草原退化治理过程中对其规律的认识不断深化。尽管我们当中对土地荒漠化、草原退化的理解有过不同的认识，甚至有过争论，但随着时光的流逝，我们对钱学森知识密集型大农业理论，尤其是沙草产业理论的内涵和重要意义的认识越来越深刻。土地荒漠化、草原退化是生态建设的世界性难题，被喻为"地球的癌症"。不少国家和地区面对大自然的这个挑战，至今仍束手无策，一筹莫展。我们也曾有过"沙进人退无躲藏"的尴尬和无奈。但这一切都已成为昨天的一页，今天，在钱学森沙草产业理论的指导下，我们已经进入"绿进沙退变模样"进而在"产业链上做文章"的阶段。而这些成绩的取得又反过来提高我们对钱学森知识密集型大农业理论，尤其是沙产业草产业理论的理解。这不禁让人们想起毛泽东主席的话："感觉到了的东西，我们不能立刻理解它，只有理解了的东西才更深刻地感觉它。"

在这不平凡的历程中，涌现出不少先进单位和模范人物，东达蒙古王集团就是一个突出代表。"生态建设不以绿色画句号"，是东达蒙古王集团董事长赵永亮的名言，用浅显的话讲出了他们之所以能取得如此成绩所秉承的理念。要做到这一点，就要"延伸产业链，增加附加值"。具体做法就是"种养加相结合、农工贸一体化、产供销一条龙"。2001年，钱学森在给赵永亮、郝诚之的信中对此做了高度概括："我认为内蒙古东达蒙古王集团是在从事一项伟大的事业——将林、草、沙三业结合起来，开创我国西北沙区21世纪的大农业！而且实现了农工贸一体化的产业链，达到沙漠增绿、农牧民增收、企业增效的良性循环。"钱学森不仅为我们指明了治理土地荒漠化、草原退化的方向，而且为我们树立了学习的榜样。

在土地荒漠化、草原退化的治理中，钱学森认为，首先要转变对沙漠的思维定势，看到沙漠上也有搞农业的有利条件，不仅是治理，更重要的是开发，将治理蕴含于开发之中。个别土地荒漠化地区的古老文明由繁荣到衰落，人类为谋求生存和发展改造自然活动的"因"与"果"，都已经过时间的沉淀。征服沙漠的结果是"沙进人退"，利用沙漠的结果是"沙退人进"。今天，无论是荒漠中仍存有昭示过去的曾为"伊甸园"的历史遗迹，还是现代被称为世纪工程所带来的一些负面效应，提醒人们珍视历史经验教训，审慎开发利用沙漠不仅需要对资源进行合理分配，更要不断创新技术及土地开发的思路和途径。沙草产业是一次超越想象的实践，是科学之光的绽放。

换一种思维看沙漠，上天关上一扇大门，同时就会打开一扇窗户。沙漠实际上是人类的一个宝库，是地球环境多样性的一个重要组成部分。

换一种思维看沙漠，沙漠就不再是"地球的癌症"，而是上天赐给我们的一笔财富。以色列是世界上气候干旱、沙漠化严重、淡水资源十分缺乏的国家之一。水资源短缺和沙漠化成为以色列发展农业的最大难题。然而，在这种艰难的自然条件下，以色列通过兴修水利、开发现代节水农业技术和设备等一系列措施，使其有限的淡水资源得到有效利用，使一片贫瘠的荒漠变成绿洲和良田，并成为欧洲的"菜篮子"。在21世纪的今天，我们完全有理由说，以色列的今天，就是内蒙古的明天。可见，钱学森有关沙草产业的这套经验和做法必将给我们带来更多的福祉，推动第六次产业革命的进程！

综合上述内蒙古沙草产业发展的背景，来读读作者学习、研究、探索钱学森知识密集型大农业理论，尤其是草产业理论的心路历程，一定有全新的体会。

是为序。

（作者系钱学森之子，现任上海交通大学钱学森图书馆馆长、中国系统工程学会草业系统工程专业委员会名誉主任委员、中国国土经济学会沙产业专业委员会主任）

草产业与第六次产业革命

中国特色社会主义进入一个伟大的新时代，并开启全面建设社会主义现代化国家新征程。在习近平新时代中国特色社会主义思想指导下，全国各族人民在中国共产党的领导下，正在为实现伟大梦想进行伟大斗争、建设伟大工程、推进伟大事业！

习近平总书记在中共十九大提出实施乡村振兴战略后，于2017年12月28日在中央农村工作会议上的讲话中指出："我国农业正处在转变发展方式、优化经济结构、转换增长动力的攻关期，要坚持以农业供给侧结构性改革为主线，坚持质量兴农、绿色兴农，加快推进农业由增产导向转向提质导向，加快构建现代农业产业体系、生产体系、经营体系，不断提高我国农业综合效益和竞争力，实现由农业大国向农业强国的转变。"还指出："走质量兴农之路，要突出农业绿色化、优质化、特色化、品牌化。农民种什么、养什么，要跟着市场走，而不是跟着政府走。现在讲粮食安全，实际上是食物安全。老百姓的食物需求更加多样化了，这就要求我们转变观念，树立大农业观、大食物观，向耕地草原森林海洋、向植物动物微生物要热量、要蛋白，全方位多途径开发食物资源。要做好'特'字文章，加快培育优势特色农业，打造高品质、有口碑的农业'金字招牌'。实现质量兴农，既要产得出、产得优，也要卖得出、卖得好。"

习近平总书记关于加快构建农业产业体系的思想和大农业观，可以说实现了钱学森院士关于农业产业革命的遗愿。钱老曾多次建议国务院设立草业局。2018年，国务院设立国家林草局，国家对草原的保护、建设、利用、投资和管理都大大加强……

一

钱学森创建的农业产业革命—第六次产业革命—消灭三大差别、两大差距—实现共同富裕—迈向共产主义的理论思想，让我们进一步坚定了共产党人的理想信念，也明确了怎么实现理想，如何坚定信念。我好像看到了共产主义也看到了走向共产主义的一条道路，是14多亿人口在中国共产党的领导下可以走的康庄大道。

钱学森院士是一位伟大的马列主义者，是一位伟大的爱国主义者，是一位伟大的战略科学家。

在一穷二白的新中国，在中国共产党的领导下，钱学森院士团结一批同道者造出"两弹一星"，不仅捍卫了祖国的安全，也捍卫了世界和平，不仅为祖国人民，也为世界人民作出了重大贡献。他还在晚年为祖国设计了一个让国家富强、让人民富裕、让社会主义迈向共产主义的长远战略，身体力行，不遗余力地完善理论并推动践行。从30多年来沙草产业发展的实践来看，钱学森院士的战略理论是科学的、可行的、实用的，而且有很强的普惠性，群众拥护。

这个战略，就是在祖国大地上建设农业产业，开展农业产业革命，实现社会主义中国在21世纪中后期完成第六次产业革命，进而迈向共产主义康庄大道。

在20世纪70年代末，党的十一届三中全会开启中国改革开放新时代，在全国广大农村掀起联产承包责任制改革的浪潮中，钱学森院士于1984年6月26日，应《内蒙古日报》科学版编辑郝诚之同志请求，在《内蒙古日报》科学版发表首篇论草产业的文章《草原、草业和新技术革命》，引起了自治区党政领导和广大读者的强烈反响。接着，自治区党委委托郝诚之同志以党委政研室和科委政研室名义写信请求钱老赐稿指导内蒙古的工作，很快，收到钱老寄来的一篇文章——《创建农业型的知识密集产业——农业、林业、草业、海业和沙业》，自治区党委领导喜出望外，为了让各级领导干部学习，于7月27日在自治区党委政研室内部刊物《调研通信》全文发表。钱老提出农业产业革命这一具有深远历史意义的重要论述，也是在内蒙古首次面世。难怪有人说，内蒙古是钱学森沙产业理论和草产业理论的孕育、诞生、宣传、实践之地，也是钱学森农业产业革命思想的诞生之地。话说到这里，不妨再自豪地加一句：内蒙古也是中国第一颗人造卫星发射升空之地，更是载人飞船升空回落之地。2007年3月21日，96岁高龄的钱学森院士为中国沙产业、草产业网站寄语："内蒙古各族人民过去在'两弹一星'事业上作出了贡献，现在又在沙产业、草产业上给全国带了个好头，作出了榜样。我希望你们在沙产业、草产业上继续做贡献，并把沙产业、草产业推向全国去！"

钱学森院士提出的农业产业革命思想，不是一句口号，也不是突发奇想，而是一位战略科学家，不，是一位伟大的爱国主义战略科学家、思想家，胸怀祖国、胸怀人民，把祖国和人民长期放在心上，经过长期调查研究，深入了解国情，了解国家和人民，了解历史，了解科学技术的巨大力量，信任中国共产党的执政能力和水平，经过深思熟虑，提出的一项十分重要的战略思想、战略理论和战略措施。农业产业革命既解决社会主义建设中的难题、短板和地区差距、贫富差距等问题，又促进国家富强、民族团结、人民幸福、生态友好、文明进步，最后实现共产党人的伟大理想，迈向共产主义康庄大道。《创建农业型的知识密集型产业——农业、林业、草业、海业和沙业》（以下简称《创建》）一文，一万多字，阐述了钱老对农业型的知识密集产业的概念和理论框架以及五大产业的划分、概念、理论框架。之后，钱老在与中央领导、科教界同仁、企业家、普通干部群众的数百封来往通信中，进一步讨论和发表了不少新的思想观点，不断完善了知识密集型农、林、草、海、沙五大产业理论。

我在学习中深感钱老是真心实意思考和研究的，用尽心思、不遗余力。钱老80岁以后，已很少外出，只凭每天阅读大量的书报杂志和信件资料了解情况，然后剪报回信，有时一天写两份以上回信，十分辛苦，令人佩服感动。钱学森院士在《创建》一文中提出农业、农产业概念，农业型知识密集产业的内涵、理论思想和战略意义。

农业型产业的概念。他说："农业型的产业是指像传统农业那样，以太阳光为直接能源，借地面上的植物的光合作用来进行产品生产的体系。太阳光是一个强大的能源，在我国的地面上，每平方厘米每年就有120~200大卡的能量，也就是每亩地上每年接受的太阳光能量相当于114~190吨标准煤。农业型的产业就有这个得天独厚的优势。"他解释道，植物能利用的太阳光能比例不到1%，常常是1‰，其余的太阳光能释放在空气里，用来蒸发水汽，产生风和雨，还转化为风力和水力资源，农业型产业就利用风力和水力发电，用于生产。他还说，太阳光能就是变成植物产品，人也不能全部直接利用，以粮食作物为例，籽实在干产品中还占不到一半，其他60%是秸秆。秸秆可以还田做肥料，也可以与树叶、草加工成饲料，养畜禽；牛粪可以养蚯蚓、种蘑菇。这些产品排出的废物再利用，加工成鱼塘饲料，或送到沼气池生产燃料用气。鱼塘泥和沼气池渣也可肥田。我们一方面充分利用生物资源，包括动物、植物、微生物，另一方面利用工业生产技术，也就是把全部现代科学技术都用上了。加工生产农产品，不但技术现代化，而且生产过程组织得很严密，一道一道工序配合得很紧密，似流水线式的生产。

"这就是农业型的知识密集产业。上面讲的只是简单的示意介绍，要深入研究下去，还有许多工作要做。但它是一个值得重视的方向，它已经不是传统的农业了；其特点是以太阳光为直接能源，利用生物来进行高效益的综合生产，是生产体系，是一种产业。"

农业型的知识密集产业结构，包括农业产业、林业产业、草业产业、海业产业和沙业产业。农、林、草、海、沙之分是以其主要生产活动来定的，在某一类产业中某一具体的生产活动也会与另一类产业中某一具体的生产活动相同，有交叉。例如农业产业中的林地、草地，只属于农业产业，不属于林业产业和草业产业。这样划分产业类型，决定了整个产业的结构。

钱学森院士对农产业概念的界定和结构的划分使我豁然开朗。一是澄清我们的糊涂认识，即把大农产业误认为农田农产业，或把农田农产业误认为大农产业，特别是党政机关文件中对"农业"一词的应用，常被理解为不包含林、草、海、沙。文件概念糊涂，应用和理解也糊涂，容易造成执行糊涂。二是拓宽了人们的思路，明确了祖国960万平方公里国土面积上，都能发展农业型产业，都可以进行生产。连过去被称为"死亡之海""地球的癌症"的沙漠、戈壁都能发展知识密集型沙产业，生产粮棉肉、奶蛋禽、药饮油，创造财富，服务人民，我们何愁衣食问题？三是地处西部沙区、荒漠草原区、高寒山区的各族人民群众，增强了发展的信心，提高了建设家乡的积极性，这会形成一股巨大的力量，促使他们参与到建设中国特色社会主义伟大事业中来。

二

我国必须进行一次农业产业革命。

钱学森院士回国后，很早就提出"三个怎么办"的问题：常规能源用完了怎么办？18亿亩耕地红线突破了怎么办？中国人口发展到了30亿，要丰衣足食怎么办？"三个怎么办"成了钱老科学研究的重要课题。他在进行"两弹一星"研究试验过程中，观察研究沙漠、戈壁，发现沙漠、戈壁里生长着在其他地方看不到的珍稀动植物，不少沙漠都有一定量的水，水少但阳光充沛，阳光充沛正是发展农业的优势。他往来于西北地区，感觉气候环境不太好，不能与东部地区相比；发现老百姓开荒种地、打井灌溉，把地下盐碱抽到地面，造成耕地被盐碱污染；看到大片草原散放着牛马骆驼羊；发现西北地区的广大农村牧区仍处于贫穷落后状态；对比西北地区曾有过的两次规模可观的工业建设，也推动了经济发展，但没有跟农村、农业联系起来，没有把沙漠、戈壁和大草原利用起来，没有解决土地盐碱化问题，加上环境条件较差的实际情况，农村地区还是贫穷落后的，而且大风、扬尘、沙尘暴频繁发生，生态环境也很恶劣。他也想到，祖国是一个农业大国、人口大国，农村包括牧区、沙区、林区和沿海渔村都有人居住，而且占比还不少，这么多的农民、牧民、沙区居民、林区猎民和渔民不可能都去城市生活。当时还有外国政客预言，媒体喧嚣，中国不可能靠自身养活那么多的人，国内也有不少人有同样的担心。

作为一名心系人民、意在强国的爱国主义战略科学家、思想家，钱学森想到了农业五大产业，想到了科学技术。他曾经说过，他要让自己的同胞过上幸福有尊严的生活。要想解决全国人民的吃饭问题，而且吃饱、吃好，就必须把大面积的沙漠、戈壁、草原、林区、海洋利用起来，建设好；要想让广大农民富起来，实现共同富裕，让广大农村繁荣起来，让祖国大地生态环境改观，由贫穷变富裕、由落后变先进、由荒凉变美丽，就必须创建知识密集型的农产业，并且要进行一场产业革命。进行农业产业革命的目的还不止这些，更高、更长远的目标是把农业产业革命变成世界历史上的第六次产业革命。钱老早在1987年的一次谈话中强调，我们要有长远战略，我们是社会主义国家，马克思主义是我们的指导思想。马克思主义是科学的社会主义，是科学，就要看到长远。

农业产业革命将是社会主义中国出现的第六次产业革命。

钱学森院士指出，我们讲的农业、林业、草业、海业和沙业不同于传统概念中的农、林、牧、副、渔等，是知识密集产业，因而也是高度综合的产业……这种农业包括人类的整个生产活动以及非生产活动。一旦实现了知识密集的农产业、林产业、草产业、海产业和沙产业，那人类通过生物充分利用太阳光能进行生产，整个经济结构就要改变，这才是新的产业革命。

"产业革命是经济的社会形态的飞跃，动力是生产力的发展，与科学革命、技术革命有关，但不是仅仅哪一项科学革命、技术革命或哪几项科学革命、技术革命的后果。因素复杂得多。""引入高新技术以及高新技术产品——新材料、信息技术等，将会出现前所未有的新产业，一个真正知识密集型的农产业、林产业、草产业、海产业、沙产业将要在人类历史上登上舞台了……高新技术将引发人类历史上的第六次产业革命。""生物工程和生物技术是21世纪的一项重大科技革命，其影响将会超越生物学本身，我称之为人类社会的'第六次产业革命'。"

第六次产业革命将在21世纪中后期的社会主义中国出现。

钱学森院士指出："产业革命是生产技术引起的生产力大发展，从而引起一场经济结构的大变化，最后导致社会结构的飞跃……我们是以历史唯物主义武装起来的，我们要在总结历史经验的基础上，有远见之明，看到21世纪，看到建党100周年！所以我们要注意现代生物科学技术的巨大发展，看到由此引起的又一次产业革命——第六次产业革命。我们要为在社会主义中国搞第六次产业革命做准备。"

钱学森院士还指出："我想我国农业面临的大问题是用现代市场经济及现代科学技术改造传统农业，也是坚持社会主义产业的'两个转变'。我认为这实际是农业产业化，即我国的第六次产业革命。""而现在已经开始的信息革命是第五次产业革命；所以初现苗头的农业产业化则是第六次产业革命。""第六次产业革命的重点变革在于生产组织，大规模的集团式经营；换句话说第六次产业革命是直接利用第四次产业革命成果——集团式公司组织，于'绿色农业'和'海洋农业'。"

"农业产业化"一词是指农业作为第一产业向现代化第二产业转化，所以在将来人类社会历史上起过重大作用的第一产业会消失，变为农工贸一体化的现代化的大企业。第六次产业革命主要是把第一产业改造成第二产业，使第一产业（小规模农林业）从历史上消失。就是把小规模分散经营的农业和林业，改造成生产全过程用机器，连同使用的化肥、有机肥都是机器生产；树木的栽种，草原上的人工种草，饲喂、屠宰、储运、畜产品加工都用机器，几乎实现机械化、自动化甚至智能化。这不就是没有厂房的工业生产吗？实际上，大棚生产和无土栽培，已经是有厂房的农业生产了，钱老认为这样的农业生产已经是工业化管理、工业化生产，应该也是第二产业。机械化、智能化生产现在已现雏形。

钱老建议："我们社会主义中国要为21世纪的农产业办3件事：（1）国家制定发展如前页所提到的新技术、高技术农产业的纲领、规划及计划；（2）促进开发性企业的建立；（3）在高等院校培养高技术农业的人才，可先办短期培训班。我相信中国的农民是能接受这种高技术农产业的，因为已有成功的实例……"

他还提议，第六次产业革命也要作为一个大项目，组织全国力量进行研究。他估计建党100周年时在我国全面铺开。

钱学森院士对农业产业革命会成为人类社会历史上的第六次产业革命充满信心。他一直不遗余力地完善自己的理论，而且用全力做宣传推动工作。

他深信有中国共产党的坚强领导，有"两弹一星"经验和精神，团结依靠科技人员和人民群众，第六次产业革命将在21世纪中后期出现。

第六次产业革命将使我们迈向共产主义康庄大道。

钱学森院士作为一名战略科学家，运用马克思列宁主义历史唯物主义观点和科学社会主义思想，深刻分析总结人类社会历史发展规律，揭示科学社会主义走向共产主义的路径，得出社会主义中国在21世纪中后期完成第六次产业革命后迈向共产主义的结论。他说："大约1万年前在中国出现的农牧业生产是世界历史上的第一次产业革命；大约3000年前在中国出现的商品生产是世界历史上的第二次产业革命；在18世纪末、19世纪初英国出现的大工业生产是世界历史上的第三次产业革命；在19世纪末、20世纪初在西方发达国家兴起的国家和国际产业组织体系是世界历史上的第四次产业革命；而现在由于新的技术革命所引起的世界范围的生产变革是世界历史上的第五次产业革命。五次产业革命！那么创立农业型的知识密集产业将引起的生产体系和经济结构的变革，不是21世纪将要在社会主义中国出现的第六次产业革命吗？"钱老指出，产业革命是由科学（自然科学和社会科学）技术革命、高新科学技术以及先进的社会制度，提高了生产力，生产力的发展导致生产关系和经济结构的飞跃。所以产业革命的巨大变革既包括生产力，也包括生产关系。当然它也必然影响社会结构，带来社会上层建筑的变化。第六次产业革命是太阳光为能源，利用生物（包括植物、动物和菌物）、水和大气等，通过农、林、草、畜、禽、菌、药、渔、工、贸的知识密集产业的革命。其社会后果是消灭工业与农业的差别，消灭城乡差别，也消灭社会主义初级阶段不可避免出现的贫富差距和地区差距，实现共同富裕。第五次产业革命将消灭脑力劳动和体力劳动差别。与此同时，生命科学、纳米技术、烹饪工业化的发展和人民体质建设引发人类历史上的第七次产业革命，当然也是第五次产业革命和第六次产业革命的深化。钱老讲："那么这三次产业革命在21世纪将消灭人类历史上形成的三大差别。这不是在叩共产主义的大门了吗？所以在社会主义中国的21世纪，第五次产业革命、第六次产业革命和第七次产业革命结合起来，将引发一次社会革命，新的一次社会革命……我们要解放思想、实事求是，认识到这是现代中国的第三次革命！（五）现代中国的第一次社会革命是解放生产力的社会革命。现代中国的第二次社会革命是发展生产力的社会革命。现代中国的第三次社会革命是创造生产力的社会革命。"

三

我的文章写到这里，想要反证一下，假如不搞农业产业革命，不按照钱学森理论去全面建设知识密集产业，不去建设利用60亿亩草地、43亿亩草原，不去治理利用20多亿亩的沙漠、戈壁，广大农村会是什么样子？贫富差距、地区差距什么时候能消灭？历史上形成的三大差别怎么消灭？什么时候实现共同富裕？我想不出解决问题的更好办法。即使在今天，农业产业革命的理论思想也不过时，建设五大农业产业的理论思想仍有极大的不可替代的意义，用则见效，用则加快发展速度。

钱学森院士提出："我们要有个长远的发展战略。这些战略计划中必须要有草产业，缺少这一块不行。"他还反复强调："如果不重视草产业，我觉得不行，缺了这一块是不行的。"

为什么不行呢？我理解，原因有四个：

（一）没有草产业，关系国家发展的若干重大问题解决不了。我国草地60亿亩，草原面积43亿亩，加上20多亿亩沙漠、戈壁，面积占国土面积的40%以上。这么大面积的土地上都有居民居住，更是不少少数民族聚居的地方。在社会主义初级阶段不可避免地出现地区差距、贫富差距和历史上形成的三大差别，如果草原不发展，草产业不建设，这些重大问题就无法解决。西部富则中国富，西部不富，中国就谈不上共同富裕。

（二）草原和林区属农村，草产业和林产业属农业，其居民属农民。钱学森指出一个规律性现象，即工业和城市的建设能促进经济发展，但不等于农业、农村、农民能同步发展，能同步富裕。他说，我国西部地区历史上有过两次资金技术人力可观的建设，但农村仍然是贫穷落后的，因此他提出发展知识密集的草产业、沙产业和林产业的观点。这个规律性的现象，在我们新中国成立70多年的社会主义建设中也普遍存在。因此，党的十九大提出，我们存在发展不平衡不充分的问题。西部地区的大草原就是发展不平衡不充分的代表之一，也是影响长远战略相对最大的一个地区。短板补不齐，一桶水就满不了。

为了解决这一发展不平衡不充分问题，习近平总书记早在2017年12月28日中央农村工作会议上明确指出："坚持把解决好'三农'问题作为全党工作重中之重，坚持农业农村优先发展，按照产业兴旺、生态宜居、乡风文明、治理有效、生活富裕的总要求，建立健全城乡融合发展体制机制和政策体系，统筹推进农村经济建设、政治建设、文化建设、社会建设、生态文明建设和党的建设，加快推进乡村治理体系和治理能力现代化，加快推进农业农村现代化，走中国特色社会主义乡村振兴道路，让农业成为有奔头的产业，让农民成为有吸引力的职业，让农村成为安居乐业的美丽家园。实施乡村振兴战略，要顺应农民新期盼，立足国情农情，以产业兴旺为重点、生态宜居为关键、乡风文明为保障、治理有效为基础、生活富裕为根本，推动农业全面升级、农村全面进步、农民全面发展。"习近平总书记还特别引用毛泽东同志、邓小平同志的讲话，他说："毛泽东同志曾经指出：'城乡必须兼顾，必须使城市工作和乡村工作，使工人和农民，使工业和农业，紧密地联系起来。决不可以丢掉乡村，仅顾城市，如果这样想，那是完全错误的。'邓小平同志也讲过：'城市搞得再漂亮，没有农村这一稳定的基础是不行的。'"

（三）作为草产业载体的草原有大自然赐予人类的"宝藏"。地下有各种矿物资源，地上有草业、药业、畜牧业等经济功能，有生态功能；有生物多样性功能，特别是有大量菌物在此生存繁衍；有碳汇功能；有为社会服务的文化功能。草原也是搞多种经营的宝贵的土地资源。这么多的宝贵财富，我们丢不得，丢不起，不能丢。

（四）草产业和草原地理建设是国内有效建设投资的大领域、大项目，也是扩大经济运行"双循环"的新领域新途径。钱老指出："中国西半部要大搞地理建设才能发展。地理建设也是社会主义建设，下分环境建设和基础建设。""我想我们今天对地理环境是既要认识它的现状，又要改造它；改造是为了我们社会和国家的发展进步。""改造必须遵循科学规律，这科学规律就是地理科学。"钱老多次对地理建设提出具体项目设想，并征求意见，如交通运输、信息通信、能源供电、水资源利用（防洪、防涝、防旱等）、气象预报及人工造雨、矿藏勘测、港口建设、山水林田湖草沙系统统筹建设及基础设施建设、城市及居民点建设等。

以上项目已经逐步启动，并取得很大成绩，但草产业建设有待进一步推动。知识密集型草产业以及农区、林区草地可为实施乡村振兴战略提供产业发展条件，为健康中国建设和大健康战略实施提供物质基础。草原畜牧业的现代化建设和规模化发展，会有大量绒、毛、皮、肉、奶、油、骨、杂、粪产出，会形成大大小小的各种产业，也会有资金积累、支持几大战略的实施。

我在反复学习阅读《钱学森论沙产业、草产业、林产业》这本书的过程中，发现钱老论述农业产业革命理论和草产业理论是一致的，只是对草产业具体内容的说法有所不同而已。因此，我写的自序，主要是论述钱老的农业产业革命与第六次产业革命、与迈向共产主义第三次社会革命的关系。这是我感觉最深刻，也是我最想让朋友们了解的一个重要内容。

四

写"钱学森草产业理论探索"，其实我并不够资格，一不是草畜专家，二没有多少理论水平，只是想到有责任宣传钱学森草产业理论。我从2002年接受时任内蒙古自治区党委副书记杨利民同志的建议，跟我的老朋友、时任自治区政协经济委员会专职副主任郝诚之及现任会长张卫东等同志，一起创办内蒙古沙产业、草产业协会，一直在钱老儿子钱永刚教授、秘书涂元季少将、顾吉环大校、李明大校、中国科协原副主席、沙产业专家刘恕同志，中科院、国家计委（现发改委）中国自然考察委员会原副主任田裕钊教授，长期担任我国草业行政管理负责人及中国系统工程学会草业专业委员会原主任李毓堂等同志的支持帮助下学习工作。他们送我书籍，邀我参加会议，讲解钱老理论，使我及我们协会深受教益。2004年12月25日，在钱老家中，我聆听钱老重托："你们要把沙产业草产业推向全中国、推向全世界。"虽然我于2013年辞去协会会长职务，但一直参与协会活动，也算宣传践行沙草产业理论时间较长的"老同志"了，我不写点什么，总感觉亏欠钱老及草产业事业，也对不起同志们多年来的支持帮助。我写作的目的还有一个，就是抛砖引玉，在这本书的基础上，请专家学者、畜牧工作者及朋友们在学习、对照钱老原文原信后，挑毛病、提意见、做补充，以便实现钱老遗愿。希望将来几位有资格的同志或集体，写一部全面、系统研究钱老草产业理论的著作，既可记录和展现钱老的功绩，又可为我国43亿亩大草原的科学合理保护建设利用，并为贯彻习近平新时代中国特色社会主义思想，促进第六次产业革命在我国21世纪中后期如期实现，发挥一点应有的作用。

　　谢谢读者！谢谢朋友们！

夏日

2022年8月1日

前 言

一、本书内容分为两篇。第一篇是"钱学森论草产业"，是钱学森论述草产业理论的文章、讲话和书信，也有钱学森论述农业产业革命的部分书信；第二篇是"钱学森草产业理论探索"，是作者对钱学森草产业理论的学习、研究、探索的心得体会和相关情况介绍。

二、"钱学森论草产业"中的文章、讲话和书信选自国防工业出版社 2008 年出版的《钱学森书信选》、国防工业出版社 2012 年出版的《钱学森文集》、上海交通大学出版社 2005 年出版的《智慧的钥匙——钱学森论系统科学》等。

三、本文探讨的主要是钱学森有关草产业理论的原理、规律、内涵、战略思想和建设理论。钱学森文中讲到的数字、情况和问题，都是 20 世纪八九十年代和 21 世纪初的数字及情况，书中应用时并未做改动，新的情况、数字也未涉及太多。

目 录

第一篇　钱学森论草产业

第二篇　钱学森草产业理论探索

第一篇　钱学森论草产业

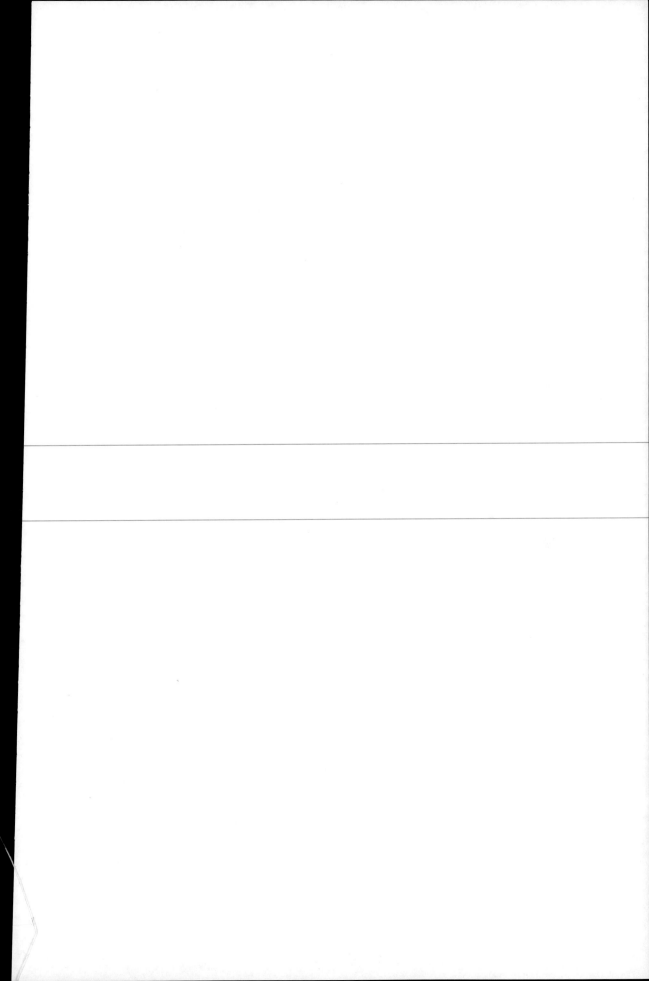

草原、草业和新技术革命

钱学森

（1984年6月28日）

1983年秋胡耀邦同志在西北视察，提出在甘肃省等西北地区要因地制宜，发展农业生产要首先种草种树。这个号召给我很大启发，使我认识到农业还有得从种草做起的地方。后来又读了几篇文章，都谈到种草的重要性。有的还提出，在农业和林业之外，还有一个草业。也就是利用草原，让太阳光合成以碳水化合物为主的草，再以草为原料发展畜牧业及其他生产。这就是人认识上的飞跃了；现在国家有农牧渔业部、林业部，可没有草业部，而我国草原面积是农田面积的3倍，一共有约43亿亩，怎么能忽视草业呢？

当然，事物总有其所以然的缘故。不重视草业是因为它的产值很低，所以就附带着包括在农业中了，不值得单独列出。据周惠同志讲（见《红旗》杂志，1984年第10期，6页，《谈谈固定草原使用权的意义》一文），在我们内蒙古自治区，一共有13亿亩草原，而从1947年—1983年这37年中，畜牧累计产值100多亿元。折合每亩草原年产值才0.2元多，这的确比每亩农田的年产值小得多，只值个零头！但这是草业"命里注定"的吗？不能用现代科学技术去改变吗？不是有新技术革命吗？我想如果我们下决心抓草业。即使不能使一亩草原的产品，经过综合加工生产，其产值赶上一亩农田，但也决不只是个零头，达到几分之一总是可以的吧？

这对内蒙古自治区来说，可是件大事。因为那里农田少，大约才7000万亩，而草原面积却是农田面积的18倍还多，所以草业的产值完全可以大大超出农业的产值。一旦内蒙古带好这个头，全国的草原利用好了，草业兴旺发达起来，它对国家的贡献不会小于农业！这对国家也是件大事了，因为它将大大增加肉食的供应，改变我国人民的食品构成。

怎样利用现代科学技术发展草业？第一当然是种好草，不能搞粗放经营式的放牧，要精心种草，让草原生长出大量优质、高营养的牧草。这里有培育并选用优良草种的工作，也有引种的工作。还有防止自然界的敌害问题，如灭鼠。灭鼠最好少用药剂，用鼠类的天敌，如猫头鹰、黄鼠狼等。一亩草原，经过这种科学改造，年产草（以干草计，下同）多少？高产粮食试验田，亩产已经达到3000斤；每年亩产几百斤牧草总是可以做到的吧。既然说不用放牧，这草就要收割下来，运送到饲料加工的小工厂。一年能收几次，何时收割最好？

以牧草为基底的饲料加工技术是比较成熟的，例如加入蛋白质类的饲料添加剂。对反刍类牲畜，还可以加点价廉的合成尿素，让牲畜在胃中合成蛋白质。这我不细说了。

既然集中生产饲料，当然牲畜饲养也是集中的，工厂化的。这套技术也是比较成熟的，现成的，搬过来用就可以了。

畜产品是乳和出栏供屠宰的牲畜，这都要运到集中加工点进一步加工，综合利用，这里有些产品如血粉、骨粉又返回到分散的饲料厂作为添加剂。这种加工也是比较成熟的工业，有技术可以引用。

我们要下功夫研究的是在饲料加工和牲畜饲养集中点如何处理牲畜的粪便，这关系到整个草业的经济效益。我们应该把粪便当作资源，送到家门口的资源，通过生物技术，综合加工，取得有价值的产品。例如，种蘑菇、养蚯蚓、沼气发酵、残渣养鱼，等等。最后废渣、废液又要返回草原，作为肥料。这里生产的蘑菇和鱼本身已是成品；而蚯蚓可送到饲料加工厂，作为蛋白质添加剂；至于沼气，那是燃料，除了做饭外，还可以用来开汽车、拖拉机，发电。

我这里设想的是定居下来的几百人的饲料加工、饲养、粪便处理集中点，它本身就是草业的综合生产基地。它经营的草原范围有十几千米到20千米。既是几百人的居民点了，就可以有小学校和初级中学，有沼气发电、风力发电的几百千瓦电站，有生活用水的供应等，通过通信广播卫星可以直接收电视广播节目。这是现代化的草业新村。

畜产品的综合加工是在县和旗。那里是政治文化中心了，应该有草业的中等技术学校和师范专科。

我以上的这个设想能不能成立请内蒙古自治区的同志们研究，特别是内蒙古自治区的科学技术人员研究。我们要利用新技术革命的机会，利用系统工程的方法，研究并创立中国式的现代化草业和草业系统工程。

当然，我们自治区还有另一个土地资源——沙漠、戈壁。如何开发利用这项资源？那是又一件大事了。

（原载《内蒙古日报》1984年6月28日科学版，《人民日报》1985年3月7日全文转载）

创建农业型的知识密集产业

——农业、林业、草业、海业和沙业

钱学森

（1984年7月27日）

党的十一届三中全会以来，由于政策对头，解放了中国农村中长期受压制的生产力，我国农业大发展，形势日新月异，新生事物层出不穷，从而启示了全国人民，大家都受到鼓舞。我国科学技术工作者也因此受到教育，进而研究发展农业的新概念、新途径，提出农、工、商综合的所谓"十字型"农业，或"飞鸟型"农业，也就是变单一种植业的农业为综合生产的产业体系。在不久前发表的一篇文章中，我把这一概念加以发展，提出要看到21世纪，看到在我国大地上将要出现的知识密集型农业，从而导致整个国家生产体系和生产组织的变革。这当然是一个重大研究课题，所以在这里我想再谈谈这个设想，以求教于同志们。

（一）农业型的知识密集产业

我在这里提出这样一个词，叫农业型的产业。这是什么意思？农业型的产业是指像传统农业那样，以太阳光为直接能源，靠地面上的植物的光合作用来进行产品生产的体系。太阳光是一个强大的能源，在我国的地面上，每平方厘米每年就有120～200大卡的能量，也就是每亩地上每年接受的太阳光能量相当于114～190吨标准煤。农业型的产业就有这

·7·

个得天独厚的优势。

当然这里并不是说这些太阳能都能全部为植物所利用而合成产品。限于水和肥料的供应，限于光合作用所必需的二氧化碳在大气中的浓度，限于植物本身的能力，上述巨大太阳光能只有很小一部分转变为植物产品。这个比例不到1%，常常只有1‰。那99%以上的太阳光能到哪里去了呢？还没有立即离开地球，只是释放在空气里，用来升高气温，用来蒸发水汽。风和雨就是这样产生的。所以太阳光能在地球上还转化为风力和水力资源，这当然重要。因为我们在这里讲的农业型产业也要利用风力和水力来发电，用于生产。

就是变成植物产品了，人也不能全部直接利用。就以粮食作物来说，籽实在干产品中还占不到一半，其他60%是秸秆。现在农村缺燃料，往往把作物秸秆当柴烧，肥料和有机质不能还田，是个大损失。

要提高农业的效益，就在于如何充分利用植物光合作用的产品，尽量插入中间环节，利用中间环节的有用产品。例如利用秸秆、树叶、草加工配合成饲料，有了饲料就可以养牛、养羊、养兔，还可以养鸡、养鸭、养鹅；牛粪可以种蘑菇，又可以养蚯蚓。养的东西都是产品，供人食用；蚯蚓是饲料的高蛋白添加剂。它们排出的废物也还可以再利用，加工成鱼塘饲料，或送到沼气池生产燃料用气。鱼塘泥和沼气池渣才最后用来肥田。这就是于光远同志讲的"现代科学的'穷办法'"和邓宏海、曹美真同志说的"多次利用循环模式"。

这样，我们一方面充分利用生物资源，包括植物、动物和微生物，另一方面又利用工业生产技术，也就是把全部现代科学技术，包括新的技术革命，都用上了。不但技术现代化，而且生产过程组织得很严密，一道一道工序配合得很紧密，是流水线式的生产。这就是农业型的知识密集产业。上面讲的只是简单的示意介绍，要深入研究下去，还有许多工作要做。但它是一个值得重视的方向，它已经不是传统的农业了；其特点是以太阳光为直接能源，利用生物来进行高效益的综合生产，是生产体系，是一种产业。我们也要注意到，只有直接用太阳光能的植物生产过程才需要占用地面，其他生产过程，利用动物和细菌的生产过程，以及工厂加工，是在厂房中进行的，可以在楼房，也可以在地下，因此可以少占地面积或不占地面积，使我们国土面积能够最有效地使用，这也是所谓"庭院经济"概念的进一步发展。

当然，从天文学的观点来说，站在遥远的星球上看我们，好像没有什么变化，地球接受的太阳光能量还是通过生物，通过人，最后通过大气以低温热辐射的形式返回星际空间。但在地球上的中国，变化可大咧，这将使中国人民生活得好得多！

（二）农业产业

要再进一步讨论农业型的知识密集产业，就得把这种产业分分类。第一个是农田类的农业，以种植粮食作物和经济作物为基础，在我国约占16亿亩面积。这个产业是目前最受注意的，因为它在我国是劳动力最多的、也是产值最高的农业型产业。它包括的不只是种植业的农，也是绿化的林、养畜的牧、养家禽的禽，还有渔，也有养蜜蜂、蚯蚓等的虫业，还有菌业，微生物（沼气、单细胞蛋白）业；当然也必须有副业和工厂生产的工业，所以是十业并举的农业产业体系。为了深入研究和发展这类产业体系，我想有必要考虑在不同地区、不同自然条件，设置试验点，调集科学技术力量，创造经验，开辟道路。

试验点该有多大？关于这个问题，我们要看得远一点：历史上，资本主义社会形成中是破坏农村、建设城市，人口涌向大城市。我们今天要走城市同农村同时建设，城市同集镇协调发展的道路。上述农业产业的据点是集镇，大约万人左右；其中直接搞种植业的只是少数，也住在集镇，早出晚归；其他生产、粮食的深度加工、食品工业都在集镇。集镇是生产和文化教育中心，盖楼房少占地。将来甚至可以发展到地下，冬暖夏凉，又完全不占地面；地上是园林，人民游园休息。

（三）林业产业

林业是又一类农业型的知识密集产业。如果包括宜林荒山，我国林业面积可达45亿多亩，是农业的三倍。现在林业的形势落后于农业，尚在探索最适当的生产关系。只是不久前才听到贵州省有了联户承包大面积跨区山林的形式，这可能是个苗头。

生产关系和生产体制问题解决了之后，就要解决林业产业的生产组织和生产技术。这方面要发展木本食用油和工业用油的生产，可以参考农业产业的一些做法。林业产业当然也有牧、禽、虫、菌、微生物、副业和工业的生产，也会有些农田种植和鱼池养殖业。

但作为林业产业特点的，是林木的加工和森林枝叶的利用。现在把原木运出林区到城市加工的做法值得考虑。能不能把木材在林区加工到半成品、成品？能不能从林区直接运出纸张？如能做到这一点，再加枝叶的利用，那么林业产业就可以大搞饲料，发展牧畜；牲畜粪又可以养蚯蚓等，获取饲料的蛋白质添加剂。而大量排放的有机废液又可以用来生产沼气，作为林业产业的燃料产品。这样我国林业产业在45亿亩面积上，不但提供食用油、工业用油、竹木制品、纸张、肉食、乳制品等，而且能每年提供相当于上亿吨标准煤能量的沼气。

创建知识密集的林业产业也要通过试点，取得经验。例如，县和县以下的生产组织和分工究竟如何构筑为好，就需要从实践中摸索，逐步弄清楚。

（四）草业产业

再一类农业型产业是草原经营的生产，这可以称为草业。我国草原面积，如果包括一部分可以复原的沙化了的面积，一共有43亿亩，也差不多是农田面积的三倍。但我国目前草原的经营利用十分粗放，效益很低；据周惠同志的文章，从1947~1983年这37年中，内蒙古自治区的约13亿亩草原，畜牧累计产值才100多亿元，折合年亩产值只0.2元多，比每亩农田的年产值的确小得多。但利用科学技术把草业变成知识密集的产业以后，这种状况是可以改变的。

怎样利用现代科学技术发展草业？还得从利用太阳光这一能源做起，搞好光合作用，也就是要精心种草，让草原生长出大量优质、高营养的牧草。这里有引种和培育优良草种的工作，还有防止自然界的敌害工作，如灭鼠；灭鼠最好少用药剂，以免牲畜受害，用鼠的天敌，如猫头鹰、黄鼠狼等。一亩草原经过这种科学改造，亩产干草多少？总可以比现在大大提高，年亩产干草几百斤总是可以的吧？这是草业的起始。

不用以放牧，这草就要及时收割下来，运送到饲料加工小厂。这里有个一年能收几次和何时收割最好的问题。但以牧草为基底的饲料加工技术是比较成熟的，前面已几次提到，不必细说。

既然集中在工厂生产饲料，饲养牲畜也当然是集中的，工厂化了的。

畜产品的乳和出栏供屠宰的牲畜，这都要运到集中的加工工厂进一步加工，综合利用。而这里有些产品，如血粉、骨粉又要返回到分散的饲料厂作为添加剂。

根据前面讲的多层次利用的设想，饲料加工的废料和饲养点的牲畜粪便也要充分利用，种菌、养蚯蚓、养鱼、造沼气等。沼气多了还可以用来开汽车、开拖拉机、发电。这种生产和定居点大约有几百人的居民，构成草业的生产基地，它经营的草原范围有十几公里到二十公里。既是几百人的居民点了，就可以有小学和初级中学。有用沼气和风力的上千千瓦的电站，有生产及生活用水的供应等，从通信广播卫星可以直接收电视广播节目，这就是现代化的草业新村。

畜产品的综合加工厂设在县级小城市。那里也是政治文化中心了，应该有草业的中等技术学校和师范专科学校。

创建这种知识密集的草业产业，在我国43亿亩草原上每年可能获取几千万吨的牛、羊肉食和大量的乳品，我国人民的食品构成也将改观。当然，要做到这一点，也要选适当地区建立试点以取得经验。

（五）海业产业

又一个农业型的知识密集产业是利用海洋滩涂的产业——"海业"。我国近海有70亿亩，其中浅海滩涂为22亿亩，的确是一个巨大的资源。在这里，我们主要靠海洋中天然生长着的生物光合作用的产物，以此为饲料来经营鱼、虾、贝等的养殖和捕捞，所以类似于草原放牧：草是天生的，放牲畜去吃草生长育肥。然而长期以来我们连放牧式的海洋渔业也远没有做到，只捕捞而不养殖，就如人类原始社会早期畜牧业出现以前，以打猎为生！我们从此也就可悟到创建知识密集型海涂产业的道路，就是"转'猎'为'牧'"！

我们以前总好像不认为海业是一门自成体系的产业，而是所谓渔业或农业的一部分，海洋渔业是渔村的事，最多是依附于沿海集镇的生产活动，没有得到足够的重视。最近才开始有了转变的兆头，山东省荣成县认识到他们有300多公里的海岸线、50万亩浅滩、水产量占山东省1/3，应该承认海洋生产的重要性，要建设一批以水产品加工和养殖为主的港口小城镇。在这批城镇中有水产品加工厂、副食品厂、塑料厂、阀门厂、渔船修造厂和对虾养殖场等，构成产业体系了。这是认识上的一个飞跃！

有了正确的认识就可以探讨建设海业的措施。这里，一个方面的问题就是改进近海渔业。我国近海面积，像上面说的有22亿亩，是日本的5.6倍，而1982年我国全部海洋渔业的产量才是日本近海渔业产量的

46%。改变这种落后状况的一个技术措施是投放人工鱼礁，造成在近海鱼类栖息的好环境。只此一项就有可能把我国近海渔业产量提高十几倍，达到每年5000万吨。

再进一步，我们还应该把海洋渔业变成"海洋放牧"。这就是利用有些鱼类洄游到淡水产卵孵化的习性，创造河港中鱼苗生长的条件，让幼鱼自己进入海洋，成鱼自己会回来，正好捕获。中国的高级食用鱼如大马哈鱼和鲥鱼都属此类。

海业产业的范围当然比上面讲的这两项技术大得多，还有海带、海藻的养殖业，虾、贝的养殖业。海产品多了，加工和深度加工以充分综合利用，就是必须发展的了。

当然海业产业集镇的建设和发展也要通过试点，创造经验。

（六）沙业产业

现在谈到的最后一门农业型的知识密集产业是利用沙漠和戈壁的"沙业"。在我国沙漠和戈壁一共大约也有16亿亩，和农田面积一样大。沙漠和戈壁并不是什么也不长，极干旱不长植物的只是少数，大部分沙漠戈壁还是有些降水，有植物生长，有的还长不少的多年生小植物。也有小部分干旱地沙漠化了，那是可以考虑引水灌溉的。

目前人们从沙漠戈壁获取的只限于采集特产的药材，而且也只采不种。作为沙业产业，就应该改变为既采又种，提高产量。现在国外也有人在研究种"石油植物"，收割后提炼类似原油的产品。这样沙漠戈壁成了取之不竭的地面油田，那真是沙业的大发展了。

所有这些，还要进一步研究，但沙业产业的可能性是存在的。沙漠戈壁有充足的阳光，可以直接用太阳能电池来发电。美国加利福尼亚州现在就有个容量为（日中发电）1000千瓦的电站，计划今年底要扩建到（日中发电）16000千瓦。预计到90年代每（日中发电）1千瓦容量的建设费为两千美元，将来还可以降到接近其他电站的投资。沙漠戈壁的风力资源也很大，可以利用来发电。这可以是一项非常重大的产业，但都是直接利用太阳能，没有通过植物的光合作用，不属农业型的生产。

在上面，我简单地阐述了我们称为农业型的知识密集产业，一共五类：农业产业、林业产业、草业产业、海业产业和沙业产业。农、林、草、海、沙之分是以其主要生产活动来定的，在某一类产业中某一具体的生产活动也会与另一类产业中某一具体的生产活动相同，有交叉。例如农业产业中也会有林木的经营，而林业产业中也有种植业生产，在丘陵地区就会出现这种交叉。但产业类型还是可以划分清楚的，即以主要生产活动划分产业类型，因为它决定了整个产业的结构。

（七）有关的科学研究和人才培养

既然说是知识密集的产业，那就要充分运用自然科学、社会科学、工程技术，以及一切可以运用的知识来组织经营它。所以在这节里，要谈谈有关的科学研究。这方面的工作量是非常大的，我们要在吸取全世界的先进经验和科学技术的同时，组织我国自己的力量，包括各高等院校、各科学研究机构等来共同攻关。

在科学研究工作中的一大课题是对生物资源的全面调查研究，因为农业型的产业是靠生物来完成生产任务的。这看起来好像是老课题了，几百年来生物学不是一直在搞这项研究吗？是老课题，但有新的内容，就是要从定性观察过渡到定量观测。这是因为我们的产业是要高效益地运转的，产业的组织结构又非常复杂，一层接一层，一环扣一环，非常严密，容不得半点差错，生产组织指挥是用电子计算机计算的。这就要求生物过程要精确地定量，不能只是定性。这个要求对生物资源的调研工作来说，就是更高的要求了。

科学研究中的又一大课题是发展新技术革命的生物工程技术，如细胞工程、酶工程、遗传工程等，为农业型的产业服务，也就是大大提高生物生产的效益和对生产有用的生物功能，以至创造新的生物。

属技术开发性的科研也有几个方面。先讲用生物进行生产的生物工厂。前面各节中已经提到单细胞蛋白质用作配合饲料的添加剂，这是用有机质的废渣废液，通过培养单细胞微生物，合成蛋白质，然后分离出菌体。我们要开发这项技术。还有沼气生产过程也要研究，提高生产效益，把目前每立方米池面积每天产气0.1立方米左右提高到1立方米以上。中国科学院成都生物研究所等单位用两步发酵法是个苗头，可能达到这个指标。再就是蚯蚓的养殖也要从现在的比较原始的办法逐步发展到全自动控制的连续性生产。还有其他。这方面的技术是随着生物技术的应用迅速发展着的，我们一定要重视它。

发展性科研的又一个方面是生物化工，也就是用生物产品作原料，用机械和化学方法，在工厂中分离和制造新产品。这里加工对象是无生命的。这一类中包括各种下脚料的利用，如骨头制骨粉，骨粉提骨蛋白质等。再如树叶也可以提叶蛋白。前面多次讲到的配合饲料更是生物化工生产的一个大项目。关于这方面的问题，不久前刘海通同志作了很好的阐述，大家可以阅读。

在前面的几节中也多次谈到生物产品的深度加工，这里是说农业型产业的成品可以是直接供人食用的食品，这方面的生产就是我们常说的食品工业。要重视食品工业，抓食品技术已为人们所认识，这里也不再多说了。

此外还有一项为开发农业型知识密集产业的科学技术，非常重要，但人们还不很重视，不大认识。这就是系统工程。组织管理复杂体系的技术，用到农业生产，就是张沁文等同志提倡的农业系统工程。农业系统工程用到今天的农业，虽有一定的作用，不容轻视，但因为现在的农业还没有组织得那么严密，农业系统工程还不能充分显示它的威力。一旦农业系统工程用到知识密集的农业产业、林业产业、草业产业、海业产业、沙业产业就能大显身手，不但在体系的组织，而且在日常生产调度上，都会显示其威力。所以研究发展农业系统工程是创建知识密集农业型产业的重要内容。

搞科学技术还得有专业人员，所以必须提出大力培养农业型产业的专门人才问题。现在我国教育系统中，对农林专业重视得很不够，工科专业比重过大。这个比例失调一定要改正过来，大大增加农林专业，生物专业，轻工、食品工业专业的招生人数，包括高等院校和中等专业技校。可能还要考虑创办一种新型的高等学校，"理农综合性大学"。这也是改变社会观念所必需的。多年来人们对理工综合性大学很重视，而对农科大学就另有看法。有人说，美国十分重视农业技术，所以法律规定州立大学都要设农林专业，开展农林科研。但这些同志也知道，美国的名牌大学不都是理工综合性大学吗？不是什么麻州理工学院、加州理工学院吗？在我们国家也是一样。著名的北京清华大学、上海交通大学、上海复旦大学目前在改革中都要办成理工综合大学。所以为了树立重视农业型知识密集产业的概念，为了培养新型农、林、草、海、沙的专业人才，创办理农综合大学是必要的。那里要设农业系统工程系，还要分五个专门化：农业产业、林业产业、草业产业、海业产业和沙业产业。

（八）将在我国出现又一次产业革命

农业型的知识密集产业的创建还不只是这些产业自身的问题，工矿业要跟上，原材料也要跟上，还有交通运输业、信息情报业、教育文化事业，以及商品流通业，城乡建设和生活服务等。所以生产关系也将有很大的调整，这是政治经济学的研究课题了。对生产力的组织，变动就更大了，简直是个大改组，这是生产力经济学要解决的课题。创建五个类型的知识密集产业，涉及到中国的8亿人，总投资大约要几万亿到几十万亿元，资金从何出？怎样利用国际金融资本？这些都是金融经济学的课题。实际问题也还远不止上述的三个方面，所以创建农业型的知识密集产业还将大大促进我国社会科学的发展。

这难道不是翻天覆地的变化吗？这难道不是我国在公元2000年实现工农业总产值翻两番之后，在21世纪再进一步建设中国式的社会主义，向共产主义迈进吗？我曾说：大约1万年前在中国出现的农牧业生产是世界历史上的第一次产业革命；大约3000年前在中国出现的商品生产是世界历史上的第二次产业革命；在18世纪末、19世纪初英国出现的大工业生产是世界历史上的第三次产业革命；在19世纪末、20世纪初在西方发达国家兴起的国家和国际产业组织体系是世界历史上的第四次产业革命；而现在由于新的技术革命所引起的世界范围的生产变革是世界历史上的第五次产业革命。五次产业革命！那么创立农业型的知识密集产业将引起的生产体系和经济结构的变革，不是21世纪将要在社会主义中国出现的第六次产业革命吗？这难道不是一个值得我们深思的严肃问题吗？

中国的草业产业

钱学森

（1985年6月24日）

今天来参加中国草原学会和中国经济学术团体联合会共同举办的建立中国草业问题的讨论，我是积极的。但我完全是个外行，只是在胡耀邦同志对甘肃省要种草种树指示的启发下，一年前提出创立知识密集型草业产业问题（《内蒙古日报》1984年6月28日第4版）。这不过是冒叫一声，到底有没有道理，我自己没有把握；是今年3月，收到甘肃草原生态研究所任继周教授的来信，得到他这样一位专门科学家的鼓励，才使我加强了信心。下面我就中国的草业问题再讲点意见，以求教于在座的同志们。

一、建立草业首先是个思想认识问题

内蒙古自治区党委书记周惠同志的两篇文章，一篇在去年，一篇在今年（《红旗》杂志1984年第10期第6页，1985年第13期第11页），使我学到许多东西，并且使我认识到尽管党的十一届三中全会以来，中共中央、国务院和中央领导同志有许多关于种草和建设草原的指示（见农牧渔业部畜牧局草原处编的摘录册，1985年6月），而草业仍起步艰难，原因在于广大干部受历史发展的限制，总以为草是取之于自然的，天经地义，用不着去经营，也不愿去经营。加之草原属国家所有，即全民所有，怎样才能同牧民的畜牧承包制结合起来，做到草畜经营统一，长期未能解决；因此牧民的积极性调动不起来。

这个认识问题现在终于得到解决，在内蒙古牧区推行了草场划分到户（组）提取草原管理费、牲畜作价归户适当提留的生产责任制，也就是草畜经营统一的生产责任制。正好第六届人大常委会在今年6月18日，通过了国家草原法，并公布自1985年10月1日起施行。今后草业的建设有了思想认识上的良好基础了。

二、草业产业

什么是知识密集型的草业产业？我的意思是：以草原为基础，利用日光能量合成牧草，然后用牧草通过兽畜、通过生物，再通过化工、机械手段，创造物质财富的产业。产业就是高度综合的生产系统了，要利用一切可以利用的现代科学技术，也不限于生态系统，不限于生物，还有机械加工，化工生产。

高度综合的概念还可以用另外一个例子来说明：今年1月21日《经济参考》上载有国家林业部部长杨钟同志的讲话："林场经营还要林、工、商综合，要向商品化、专业化、现代化方向发展；除林之外还有搞①种植，②养殖，③采集，④加工，⑤开矿，⑥狩猎，⑦旅游，⑧运输等经营活动。"什么是加工呢？当然包括林产化工，如松香、松节油、栲胶、木材制浆造纸、糖醛水解酒精酵母、木材热解活性炭、紫胶等生产。这样复杂的生产经营体系，要用系统工程来管理，当然是知识密集的林业产业了。

我想如果我们国家有位草业部长，他今天也可能讲出类似杨钟同志说的，除草畜统一的经营之外还有①种植，②营林，③饲料，④加工，⑤开矿，⑥狩猎，⑦旅游，⑧运输等经营活动。草业产业也是一个庞大复杂的生产经营体系，也要用系统工程来管理，也当然是知识密集型的草业产业了。

这草业产业的前景如何？周惠同志文章中说从前内蒙古草原每亩年产值才0.2元。在这次会议上，任继周教授的测算（《从农业生态系统的理论来看草业的发生与发展》）说，目前水平的草原生产每亩年产值约1元；近期技术提高后，可以达到每亩年产值7.8元，高估可能达到24元。全国以43亿亩草原计，草业产业的近期总产值可以是43亿元。到2000年可以达到335.4亿元，甚至1032亿元。届时我们的工农业总产值达28000亿元，1032亿元是工农业总产值的3.69%。但这还不是极限，任继周教授还说，新西兰现在每单位草场面积的产值是我们的80倍，而荷兰现在每单位草场面积的产值是我们的200倍。所以43亿亩草原将来完全有可能每年产值达到几千亿元，草业产业的前途是十分光明的！

三、农区草业和林区草业

按国家草原法的意思，草原包括草山、草坡、草地。那就不只是43亿亩了，全国大概还有13亿亩草山、草坡、草地，它们是在农区和林区的草业生产基地。从我说的农业型知识密集产业概念来看，这些草业是附属于农业产业和林业产业的，是两种农业型产业的一部分。这些单位的规模也许比不上上述草业产业宏伟，但它们同今天已经发展起来的农业和已经起步的林业（见《经济参考》1985年5月7日第2版浙江宁波四明山林场的报道）联在一块，经济和技术条件比较好，进步会更快些。它们走在前面了，也为建立大规模的草业产业提供一些宝贵的经验和技术。

要看到21世纪为草业产业建立试点。

从前面所讲的看，我提出的草业产业是我国的一项长期社会主义建设，前途光明，但也非易事。我们要看到21世纪，为到那时候实现我所说的人类历史上的第六次产业革命而奋斗，创立农业型知识密集的农业产业、林业产业、草业产业、海业产业和沙业产业！

为了这样的草业产业要有规划，有计划地解决区域水文地质普查问题、人才问题和科学技术问题等，还要创建草业产业的试点，这些都是当务之急。

（选自1985年6月24日在北京民族文化宫召开的中国草原学会和中国经济学术团体联合会举办的建立中国草业问题讨论会上的讲话）

搞光合作用产物的深度加工，
创造包括九业的21世纪大农业

曹美真同志：

您和邓宏海同志写的论文《开拓我国农业技术改革的新道路》，已在《技术经济与管理研究》1983年3期中见到；此文连同即将在《大自然探索》发表的大作将对我国大农业走自己的道路有深远影响。

我想您和您的合作者是否还应进一步把这个思想发展下去，包括农、林、牧、禽、渔、虫（蜂、蚕、蚯蚓……）、菌（食品菌……）、微生物（沼气、单细胞蛋白……）、工（加工业）九业，搞光合作用产物的深度加工，创造出"第二个农业"、"第三个农业"……这就能使农业人口人年均产值达到万元以上，也就能在21世纪的社会主义中国消灭三大差别。如何？请代我问陈步同志好。

　　此致
敬礼！

　　　　　　　　　　　　　　　　　　　　钱学森

　　　　　　　　　　　　　　　　　　　　1983年11月4日

群众看到实际效果，一定会爆发出极大的积极性

周曼殊同志：

11月30日来信和以前叫我为大百科写条目的信都收到。条目我不写了，你们干吧。

系统工程在农业中的应用是大有前途的，关键初看好像在"衙门"，其实不然，在实际效果。一旦群众看到实际效果，一定会爆发出极大的积极性，衙门的大门不开也要被打开。您才干了几年嘛，请看10年之后！

听说湖南已出现了3000个小集镇，我认为一个集镇是一个生产、流通的系统，您何不考虑考虑这个系统？这比您以前说的系统更大了，它的活力也就更大了。我看5年之后，会有用系统工程处理小集镇的要求，您可预做准备。请酌。

此致

敬礼！

钱学森

1983年12月7日

农业系统工程有农艺师和农业工程师合作才搞得成

陈步同志，曹美真同志：

曹美真同志11月29日信及张慧春译太平圭拮《通过泥煤地区的综合开发建设新城市的设想》都收到，谢谢。

您们要到雁北左云县搞农业系统工程的试点，我自然赞成，因为我也认为这是具有我国特色的社会主义大农业的前进道路。当然我也感到这种想法恐不为正统的农业科技人员所接受，农艺师们不接受，农业工程师们也可能不接受。关于后者，我知道中国系统工程学会搞了一个农业系统工程的分会，就很难吸取农业工程师们来参加。所以诚如曹美真同志在信中说的，实现您们的设想并不容易。但这也没有什么，农业系统工程也得有农艺师和农业工程师的合作才搞得成，所以还是要做耐心的说服工作。

对于农业系统工程，我所认得的热心人是张沁文同志，他现在又是山西省农村发展研究中心的负责人，我想他应能帮助您们实现您们的设想。陈步同志上次来信曾提到在他与张沁文同志谈到您们的想法时，张沁文同志反应不那么积极。对此我不理解，所以曾去信给张沁文同志，要他注意。您二位最近有没有再和张沁文同志联系？为此事我还能做什么，请直说。

总是万事开头难呵！

此致

敬礼！

钱学森

1983年12月20日

农业将成为"知识最密集"产业

张沁文同志：

看到您在中国系统工程学会第三届年会的文章，也收到您去年12月12日寄给我的论文。您的两篇文章我以前读过。

对《珍视与巧用自然的伟力》一文，我完全同意，只是您光提出了任务，没说如何巧用，似为美中不足。当然您以前也讲过一些具体措施，如旱作制，但看到中国的公元2000年以至21世纪，则是很不够的。我认为这个巧用是不简单的，会使将来的农业成为"知识最密集"的产业。应该这样看问题才能打开局面，全面实现您的"思索"。

过去一年来，从我看到的东西论，我越来越感到农业和农村（集镇）在我国社会主义建设中所占的位置是非常重要的，而现在我们拟订中的规划计划对此认识很不够，老一套的多，有眼光的少。怎样才是看得远一些呢？是什么方向呢？我以前在通信中已向您表达过：一是农、林、牧、渔、禽、虫、微、副、工九业并举；二是农产品综合加工利用；三是建农村小集镇，约万人的居民点。这三条就是走向消灭三大差别。

您现在赞不赞成？我希望您能赞成，然后在新的一年里，一面在"中心"开展这方面的工作，一面做点认真的宣传。叫"唤起群众"吧。

这是我对新的1984年的祝辞！

　　此致

敬礼！

钱学森

1984年1月3日

农村试点，应先进行试验，创造经验

中国农村发展研究中心：

2月14日通知及材料收到。我因参加整党学习，那是不允许请假的，所以2月17日下午的会不能去了。

想提三个问题：

（一）山西省有个农村发展研究中心，各省、市、自治区都有吗？这些中心与全国的农村发展研究中心怎样协同工作？

（二）我们对中国农村正在出现的事物，认识够了吗？它对建设中国式的社会主义有什么重大意义？

（三）要不要在不同地理、气候条件的地区，建立人口大约一万人左右的试点？优先进行试验，创造经验？

此致

敬礼！

钱学森

1984年2月18日

让事实证明建国100周年将消灭三大差别

唐明峰同志：

3月30日信及大作《农业集约化与农业现代化》、《人类粮食生产的广阔前景》都收到，谢谢。也奉上我讲的材料，请指教。您说我认为在人民中国建国100周年，将消灭三大差别，是过于乐观，也许是。马洪同志也说我过于乐观。让事实来证明吧。

但说容易，重要的是干。"翻两番"当然不是每一项产品都翻两番，如何搞是国家计委的职责。也是您研究所的职责吧？

探讨农业问题的还有中国社会科学院的邓宏海同志和曹美真同志，您看到他们的文章吗？

此致

敬礼！

钱学森

1984年4月10日

工业、农业、交通运输等都一步一步
从劳动密集走向知识密集

王天一同志：

您称我先生，我称您同志，我认为是一个意思。

《国际新技术》试刊《信息革命专辑》收到，觉得很好，可以是各级领导干部的科技读物。我们需要这种刊物。

由于科学技术的进步，工业、农业、交通运输等都一步一步从劳动密集走向知识密集，劳动也逐步成为脑力劳动为主、体力劳动为辅。这是发展趋势。三大差别可能在21世纪的中国会消灭（附上一次发言记录，请指教）。

也不是什么夕阳产业、朝阳产业，而是社会需要。有需要就不会"夕阳"西下，科学技术能解决生产效益问题。

此致
敬礼！

钱学森

1984年5月3日

产业革命的巨大变革既包括生产力也包括生产关系

吴健同志：

　　昨日得与您畅谈，受教甚多，十分感谢！

　　对产业革命拟作如下解释，不知是否可以？

　　"产业革命是由生产力发展所导致的生产体系和经济结构的飞跃，所以产业革命的巨大变革既包括生产力也包括生产关系。当然它也必然影响社会结构，带来社会上层建筑的变化。但产业革命不改变国家的根本制度，谁是国家的主人，是不因产业革命而改变的；那是社会革命。"

　　请教。翁自兴同志请代问好。

　　此致

敬礼！

　　　　　　　　　　　　　　　　　　　　　　　钱学森

　　　　　　　　　　　　　　　　　　　　　　　1984年5月30日

产业革命是由生产力的发展而引起的
生产体系和经济结构的飞跃

朱嘉明同志：

上海知识出版社寄来您的著作《国民经济结构学浅说》，我读了非常高兴，也深受启发。让我对您的成就表示祝贺！

我近来一直在考虑科学革命、技术革命、产业革命和社会革命这四科革命的问题，而这四种革命的概念之中最难的是产业革命。什么是产业革命？我以为产业革命就是生产力的发展而引起的生产体系和经济结构的飞跃，这包括生产力的方面，也包括生产关系的方面。当然经济基础这么大的变化也必然会导致社会上层建筑的改革，但不是社会革命。社会革命是社会制度的飞跃，是谁当家作主的问题。但要深入研究产业革命就不能不深入分析生产体系和经济结构，这是不是您在书中要研究的问题？我认为是。这是为什么写这封信的第二个原因。

我也因此认为您所提出的问题是非常重要的，希望您能够继续搞下去，并有更多的同志和您一起研究。

下面我也讲几点我的学习体会，向您请教：

（一）名称。我觉得您是以国家为范围，研究一个国家的总体经济，以及国与国的经济交往。所以用国民经济结构学似不如用"国家经济结构学"。换一个字，更确切些。

（二）当今之世，战争还会有，也实际上不断在打。所以军事是一件大事，不论在资本主义国家还是在我国，军工、国防经济问题是个国家经济里的大问题。"国家经济结构学"不能不考虑它。您书里没有明确地讲，是不是因为您用了国民经济这个词？但不讲军事、不讲国防是脱离实际的，所以还是用"国家经济结构学"这个名称为好。

（三）我们要认识一个事物，只研究其当前的情况是不够的，要研究其历史的发展变化。也就是要研究国家经济结构的"动力学"。发展变化有两种：渐进演变和急骤飞跃。您书中似乎更注意前者而不大注意后者，因为您引用的情况和数据大都是20世纪下半叶的，没有19世纪末、20世纪初的。现在的国家经济结构与19世纪末的国家经济结构差别很大，因为19世纪末到20世纪初西方国家的经济结构出现了一次飞跃（我称之为第四次产业革命）。渐进演变固然能启发人，但急骤飞跃能发人深省。

（四）研究"国家经济结构动力学"，研究经济结构的飞跃对我国目前社会主义建设特别重要，因为我国正在经历着一个全面改革、大发展的历史时期。

以上这些意见很不成熟，是外行话，但希望听到您的意见。

此致

敬礼！

钱学森

1984年6月7日

中国的新的产业革命不同于
美国、日本新产业革命形态

吴健同志：

近见《理论月刊》1984年8期23页卢俊忠同志文：《"社会经济形态"不是"社会的经济形态"》，又查阅《简明社会科学词典》"社会经济形态"条，感到"产业革命"似乎可以定义为"社会经济形态"即经济的社会形态的飞跃。可否？请示。

既然是社会形态，就必然受社会制度的制约，中国的新的"产业革命"也就不会同美国、日本的新的"产业革命"完全一样。

此致
敬礼！

钱学森
1984年9月4日

到2000年人均产值一年不到1000元，怎么行

周曼殊同志：

您8月30日发自太原的信收到，那本《县级发展规划总体设计初步探讨》也看了。前次的信中您提出把我那篇东西的题目缩短一下，我将考虑。

两件事加在一起，我以为您们海伦县的设计太保守了；难道到2000年，一个县的生产还建立在今天的那一套看法吗？总要走向我所谓的"知识密集型产业"吧。不考虑多层次深度加工行吗？不考虑沼气行吗？……这些都能来资金呀。总之，到2000年人均产值一年不到1000元，怎么行！

请您们解放思想！方法有了，就看人的头脑了。

此致

敬礼！

钱学森

1984年9月10日

沼气技术非常重要，是国家能源的大事

沈善炯同志：

年初一面已八个月，很想念。前接上海交大寄来材料，说要与植物生理所联合办生物工程研究所，要求我表示支持。我遵命向中国科学院表示同意。不知办成了没有？

我现在以为沼气技术非常重要，是国家能源的大事（见附上拙文稿，12页）。又见英国 *New Scientist* 1984年3月8日期30页有篇文章说，此中科学问题还大有可为。我想您的生物工程研究所可否攻此问题？如上海交大有雄心搞沼气开发公司，那研究所就是其科技后方。不是很有意义吗？

您意如何？

此致

敬礼！

钱学森

1984年9月17日

从树叶等提取蛋白质、淀粉，
要与饲料工业相结合才行

周曼殊同志：

10月24日寄自承德的信收到。

宋文翰同志夫妻合作，从树叶等提取蛋白质及淀粉，如要投产应用，可能要与饲料工业相结合才行。而这要与其他饲料生产方法相比较，比较其经济效益。如果此路不通，又要回过来改进提取方法，或者再在提取过程余下的废液、废渣想办法，加以利用（如产沼气），以提高效益。总之，综合利用。这方面您也熟知，用不着我说。

现在要政府支持的事很多，所以不见得能争取到，还是人民自己想出路为佳，如与饲料厂结合。

请您就近同他们商量吧。

此致

敬礼！

钱学森

1984年10月27日

产业革命就是经济的社会形态的飞跃

曹美真同志：

10月29日信及《提高山西能源基地煤化工经济效益的途径》、《研究新技术革命、建设中国式技术经济学》都收读。谨提以下几点看法，不成熟，仅供参考。

（一）"精细化"实是提高经济效益的主要技术途径，煤化工是如此，其他工业也如此，例：钢铁不也是走向合金钢吗？农业不也要深度加工吗？在我国也还有个价格不合理的问题，原材料价低。

（二）科学技术的进步，最终都体现在"精细化"上。煤在火力发电厂，发电热效率为30%；但如果"精细化"，先生成氢，氢在燃料电池发电，总发电热效率可达50%以上。前者是常规技术，后者是"精细化"的新技术。

（三）引用新技术总要"报废"一些老设备，购置一些新设备，总账怎么算，这也是技术经济学吧。此外还有人员的培训开支。

（四）讲到人员培训，就想起在宏观技术经济学里还应研究教育的作用。现在我们文化水平太低，对四化是拖后腿的！

（五）我还坚持科学革命、技术革命、产业革命、社会革命，四种革命，即飞跃。前三种都在一定的社会制度下发生、进行的，只有社会革命才是社会制度的根本变革。从马克思的《资本论》一卷序言，我找到一个概念，即"经济的社会形态"（Ökonomische

Gesellschaftsformation）。那么产业革命就是经济的社会形态的飞跃，它是由生产力的提高而引起的，但当然受制于社会制度，我国当前的产业革命自然不同于外国的什么"浪潮"。

（六）您提出"中国式技术经济学"，我不敢表态。经济学领域究竟是个什么结构？名词很多：经济学、政治经济学、数量经济学、技术经济学、国土经济学、生态经济学、计划经济学等等。学问也分中国式的、外国式的吗？我不懂，请社会科学家们研究吧。

所以文稿附还，您自己斟酌吧。

请代我问陈步同志好。

此致

敬礼！

钱学森

1984年11月7日

每一次认识客观世界的飞跃都是科学革命

姚志学同志：

10月28日信及大作《论科学革命、技术革命、产业革命的相互关系和对策》都收读。

（一）您论文的第一部分是讲三种革命的相互关系的。您在这里实际上是在运用历史唯物主义分析人类社会的发展，是一项极为重要而又十分艰巨的工作。所以必须有实事求是的科学态度，不能从概念出发去凑。如"三三制"的三次科学革命、三次技术革命、三次产业革命，那为什么不说三次社会革命？

其实人认识客观世界的飞跃并不限于自然科学，马克思的剩余价值说不是认识社会这个客观世界的飞跃吗？不是一次科学革命吗？

我认为每一次认识宏观世界的飞跃都是科学革命。也不能把哥白尼的"日心说"同牛顿力学合成一次科学革命，这不是历史事实。

技术革命是人改造客观世界技术的飞跃，也必须实事求是地一项一项来，不能归并成一大项。

只有产业革命从资本主义社会制度在英国建立（在18世纪初）以来，一共是三次。

但我认为不能只考虑三种革命，不说社会革命。新的社会制度能解放生产力。是英国18世纪初的社会革命促使18世纪末产业革命在英国出现。我们国家现在兴起的产业革命，不是证明社会主义的优越性吗？

在这里附带讲一下：核能在美英等国发展慢，不完全是您讲的，石油、煤炭、水力的竞争，主要是资产阶级政治原因。这也说明社会制度的重要性。

由于以上原因，我想您应该考虑重写这部分文章。

（二）您论文的第二部分是讲对策的。这在十二届三中全会的《决定》中原则上都有了。我不必多说。

我以上的这些话，仅供参考。

我想您在研究的马克思主义社会学的新版本，是大有可为的呵，祝您成功！

此致

敬礼！

钱学森

1984年11月19日

蓄水聚肥改土耕作法所获得的效果
是光能的利用改善了

张沁文同志：

　　近接《农村发展探索》1984年8期，看到贵刊已面向全国，将成为一个在大农业的现代化方向的重要刊物，实可庆幸！也因此建议，贵刊采用学术刊物的标准版面，在上端加刊名及篇名，并对投稿者赠送油印本。这都是常规了，但也是正规，不知妥否？请酌。

　　再：该期88页，关于因采用蓄水聚肥改土耕作法而增加了每亩日光能的接收量，恐不妥。第一，每亩地表面积比平面增加266.7米^2，精度达四位数字，而实际大概是$\frac{800}{3}$米^2，即每亩地的地表面增加了十分之四。十分之四是个估算数，不宜换算写成每亩266.7米^2，写约270米^{2}才是。第二，地表面积增加，也不会增加所接收的太阳光能，这是光学原理。所以采用蓄水聚肥改土耕作法所获得的效果不是太阳光能增加了，而是同样光能的利用改善了。请不要犯物理常识性的错误！

　　此致

敬礼！并贺春节！

钱学森

1985年1月14日

系统科学是与自然科学平起平坐的

贺建勋同志，曾昭磐同志，骆振华同志，辜建德同志，蔡维璇同志：

1月19日信收读。

看来诸位思想还不够解放。今天的科学技术已不是什么理科工科的天下：有八个科学技术大部门，一、自然科学，二、社会科学，三、数学科学，四、系统科学，五、思维科学，六、人体科学，七、军事科学，八、文艺理论科学。前面七部门都有基础理论层次和应用技术层次；一般还有一个应用理论的中间层次，叫技术科学吧。部门是并列的；当然到应用就有交叉。所以系统科学是个独立的部门，是与自然科学平起平坐的！这些话我已经说了几年了。

在系统科学这个部门中，系统工程是应用技术；运筹学、工程控制论、工程信息学是技术科学；而其基础理论是正在建立起来的系统学。系统学的组成部分已有非平衡系统理论（"协同学"）、微分动力体系理论等。系统科学部门到马克思主义哲学的桥梁是系统论，正如自然科学部门到马克思主义哲学的桥梁是自然辩证法。

您们如果想办一个有别于"工科院校"系统工程的专业，那就应该加强系统科学的基础部分，即系统学部分。不要留连于老一套"数学分析"和"普通物理"，这不是腾出400多学时了吗？如果学生物专业的学生不学"数学分析"，那您的学生为什么一定要学"普通物理"？

我劝您们诸位在开放地区的老师们，思想也要"开放"点！

此致

敬礼！

钱学森

1985年2月2日

现在的任务是弄清"科普学"——科普的理论

陈恂清同志：

您2月15日信收到。尊夫人病好了吗？请代问安！

您说得对，建立农业型知识密集产业要完成于21世纪；我也是把它作为60年的工作来看待的。但肯定是知识密集产业。就以您在《科普创作》1984年5期16页上说的，那么一股求知的劲头，到了21世纪，集镇里的人当然都是大学生；而他们干的自然是知识密集产业。

至于用人工光照，那要看能源消费是否划得来。用温室似比较容易，又可调节室内空气。总之，要比那个玛雅农场（见该期30页）大大提高。

科普事业是伟大的，是社会主义文化的重要组成部分。当然，看来道路并不平坦。在这种情况下，您应团结志同道合的同志共同奋斗。根据党的十二大精神，我相信在适当时机，中央会对科普工作做出决定；就如经济体制改革那样，也如科技体制改革那样。

我们现在的任务是逐渐弄清"科普学"——科普的理论。您对这门学问是有研究的呀！

此致

敬礼！

钱学森

1985年3月4日

农业、林业、草业、海业和沙业不同于传统概念中的农、林、牧、副、渔，是高度综合的产业

任继周教授：

上次能同您探讨农业型知识密集产业的问题，很有启发，得益良多，十分感谢！

您提出了在农业、林业、草业、海业和沙业五种知识密集产业之上的更综合的生产体系的概念，我当时未加深思就说：那是大农业了。于是又进一步说到要有国务院的农委。现在我想，我这些话不见得妥当，该收回。理由是：我们讲的农业、林业、草业、海业和沙业不同于传统概念中的农、林、牧、副、渔，是知识密集产业，因而也是高度综合的产业。例如草业中就包含有农、副、渔等，也包含工业。因此正如 *Biodynamic Agriculture – An Introduchion*（作者H.H.Koepf，B.Pettersson，W.Schaumann，The Anthroposphic Press 1976年出版，影印书号F129/24）一书讲的，这种"农业"包括人类的整个生产活动，以及非生产活动。再有一个国务院的农委，会反而不利于这种知识密集产业所必要的横向联系。

这个看法不知是否更正确些？请指教。

此致

敬礼！

钱学森

1985年4月12日

淡水养殖业是农、林、草、海、沙产业的一部分

张嘉宾同志：

您于4月18日寄来的尊作第二章已收到，谢谢。我还是想向您宣传一下林业作为知识密集型产业的概念，因为从您的来信和来稿看，您还跳不出老框框，如：

（一）您说海业可否改叫水产业。这就说明您对海业产业的认识同渔业混为一谈了。淡水养殖业是农业产业、林业产业、草业产业、海业产业，甚至是沙业产业的一部分。农业型的知识密集产业是高度综合的，不是目前的"农、林、牧、副、渔"。

（二）您还限于森林生态的概念，而林业产业远远超出生态学，它包括了许多工业项目。请您读《人民日报》1985年4月27日头版头条，《种植、养殖、加工一条龙好》，不要漏了"加工"！这在拙作文章都讲了，您似尚未注意。

当然，对林业产业我还有许多东西没有说明：《百科知识》1985年3期12页陈陆圻同志文《多种目的、永续利用——世界林业发展趋势》中就讲了诸如育种、施肥等我没有讲的事。这些事您当然知道。总之，要打开眼界，不能限于老框框。

一个打开眼界的办法就是多看书，尤其要看外文书，英文的、俄文的。生态学也要深入到定量研究，如植物生态学就有P.Greig-Smith的 *Quantitative Plant Ecology*（影印版F180/94，B0002/0），您读过吗？

再一个打开眼界的办法是多交志同道合者。兰州甘肃省农业大学任继周教授是农业型知识密集产业的热心人，您知道吗？

我写了这些话是希望您能带个头，开创我国知识密集的林产业。云南省能带个头。云南省总有2亿亩森林吧，搞好了每亩年产值为什么不能超出100元呢？每年产几百亿呵！

我说错的，请指教。

此致

敬礼！

钱学森

1985年4月29日

要害是干部文化、知识水平太低，
不能领导农民治穷致富

张沁文同志：

在《农村发展探索》1985年2期上读了您和王云山同志、王文德同志的大作《山区治穷致富的理论政策探讨》，觉得是篇好文章，有调查材料、有分析、有建议。但我也感到您们似乎回避了要害问题：文化、知识水平太低，而要害之要害是干部文化、知识水平太低，不能领导农民治穷致富！同期169页的那篇介绍美国家庭农场的文章说，场主马丁是高中文化水平。那就是说县级干部必须具有大学文化水平。您们为什么不讲这一点呢？97页到99页那段"大抓农村智力开展，力争在人才合理流动上有所突破"，如果没有大学文化水平县级干部，也是空的，事情办不成，全文的好意见也都实现不了。

其他的县大概也急需有大学文化水平的干部，山西省96个县，要几百名大学生。难道山西省还没有这几百位有志气的大学文化水平的人吗？省领导要下决心呵。

原来的县领导可以入校培养，调任其他职务。

这个看法如何？请教。

此致

敬礼！

钱学森

1985年5月6日

内蒙古草业发展形势大好

苗永庆同志：

您7月26日来信因地址有误，最近才收到。我首先要向您这样一位多年奋斗在我国畜牧事业的专家表示敬意！

我并不懂畜牧业，只是从国家宏观角度对开发草原提了点建议，怎么能比得上您呢？您来问我如何办好"内蒙古草原草业新技术开发中心"，岂不是问道于盲了吗？所以我决不能当"中心"的名誉技术顾问；不当顾问也是我一贯做法，从来不当呀。敬恳原谅！

我知道对草原草业热心的专家是兰州（兰州市61号信箱）甘肃省草原生态研究所所长任继周教授，您知道他吗？您何不和他联系？我将给他写信并附您的来信。

《人民日报》1985年9月6日头版报道了内蒙古草业发展形势大好，1984年人工种草、改良草场和围建草库仑共1645万亩。但此数仅内蒙古13亿亩草原的1.27%，还大有可为呀！祝内蒙古草原草业新技术开发中心前途无量！

此致

敬礼！

钱学森

1985年9月12日

现代科学技术完全有能力克服
青藏高原地区的自然条件限制

浦汉昕同志：

很感谢您给我带来了《地理学报》1985年9期，因为上面有中国科学院成都地理研究所陈国阶同志的文章《论地理学的现代化问题》，我读后很得益，并完全同意。文章也鼓舞我再进一步想想10月17日上午与您谈的青藏高原区问题，现在把想到的写在下面，请教：

（一）青藏高原主要是藏族地区，面积近300万平方公里，而每平方公里才一个多人口。很穷困，处于饥寒略好而未进入温饱。

（二）据《文物》杂志1985年9期1页西藏考古委员会文，早在5万年前藏族就在此创建旧石器时代的文明。而且与邻近文明不断有交往。所以在那个时代青藏高原地区和我国中原地区并无什么差别。但为什么这个地区藏族文明一直发展得这么慢？

（三）我想从历史唯物主义的观点，其理由只能是生产力因自然条件差而不能像中原地区那样快地提高。农牧业生产困难。

（四）但这是历史了。现代科学技术完全有能力克服青藏高原地区的自然条件限制。我从前就想过：用室内增压及富氧空气来加大室内空气的氧分压，解决高原生理条件问题。农业生产可以用塑料膜大棚等办法。

而工业、矿业生产是与自然条件相关不大的。青藏高原地区资源又很丰富！

（五）所以我国地理工作者应该同各有关方面专业同志共同研究开发青藏高原问题。在21世纪，我们应该让这个地区的藏族人民大大发展，并和全国其他地区一样过着富裕的生活。这里可以有3亿人口，年总产值达万亿元以上！现代科学技术要征服这个中国国内的"南极洲"！

您看怎么样？

此致

敬礼！

钱学森

1985年10月21日

草产业是以草原为基础的综合
种植、养殖、加工的大产业

余复陶同志：

12月7日信及大作《发展立体草业、促进"五业"良性循环》均由卢嘉锡院长转来，十分感谢！

您在文章所谈的草业似为农产业中的种草，以促使综合发展，所以可以说是微观草业，不是我所说的农业型草产业，即宏观草业。宏观草业或草产业是在大草原发展的以草为基础的综合其他种植、养殖、加工的大产业，将来会在内蒙古等地出现。

微观草业当然也很重要，您的文章讲得很清楚，但这是农牧渔业厅管的，自然这方面工作也就归他们领导了。

即此恭贺

新年！

钱学森

1985年12月28日

对内蒙古草业系统工程试点的意见

王明昶副所长：

去年12月23日来信收到。对农业科学我实是个外行，本无发言权；一年半以前呼吁要搞知识密集的草产业无非想使现代科学技术为大农业服务。现在您作为行家已提出行动计划，要建四个试点，这使我受到很大鼓舞！

您问我还有什么想法，谨陈述下列几点，供您参考，不当之处请批评指教：

（一）要逐步发展人工种草、施肥；

（二）要逐步搞牧草收割，运到饲料加工厂加工；

（三）大力发展饲料加工，现在全自治区饲料加工有发展，已将及每年约20亿斤；但还不够，全区将来年产应是数亿吨；

（四）要逐步实现集中工厂饲养；

（五）综合深度加工；

（六）草产业要包括多种饲养业，如微生物（单细胞蛋白）；

（七）运用系统工程搞好复杂的经营管理。

以上都是为了提高经济效益，达不到荷兰的水平，也要做到新西兰的水平，每亩草原年产值为80元人民币！这是一项多种专业协同共事才能办成的，所以一定要团结各方力量；如内蒙古畜牧科学院的苗永庆同志您知道吗？他说他们要办"内蒙古草原草业新技术开发中心"。

即此恭贺新年！

钱学森

1986年1月1日

农业系统工程必须扩大到加工业、交通运输、采掘业、商业、服务业等

张沁文同志：

向您拜个晚年！

您去年12月22日来信中对我讲的那些话，我不敢当，也受不了！以后千万请不要再讲了！

附上《光明日报》1986年1月17日1版的一条消息，很有意思。如果您提倡的农业系统工程是宏观的话，那这个农家系统工程就是微观的了。群众创造了微观的农家系统工程，那就促使我们想想如何推进宏观的农业系统工程。从《农村发展探索》近来发表的文章看，农业系统工程的确不能局限于只谈农业，必须以农业为基础，扩大到包括加工业、交通运输、采掘业、商业、服务业等。这个看法以前也说过，但现在是要真正干了。

您以为如何？

此致

敬礼！

钱学森

1986年1月18日

为什么不能设"国家再生资源委员会"

张鸿烈同志:

1月13日信及《国际资源回收利用讲习会》一册都收到,以前也收到寄来的刊物。我十分感谢!

我认为废旧物资及资源回收利用是国家大事之一,是社会主义国家工作八大方面的一个方面;在近几年一直在做点宣传解释,但苦于找不到知音人。不久前才在《内部参考》上见到您和几位同志向中央的很好建议,真是高兴极了。所以立即和您们通信联系,希望相互支持,结为同道。

我们是社会主义国家,建国宗旨就包括了子孙后代的幸福,所以一方面要在保护生态环境的基础上,进而创造一个最优美的生态环境,另一方面也要考虑资源永续不衰的问题。现在体制把这本来密切相关的两个方面分辖国务院商业部和城乡建设环境保护部,不能统一规划管理,弊端甚多,您们很清楚,不必多说。我考虑废旧物资及资源回收利用应设国家级委员会进行宏观筹划管理,同国家计委、国家经委、国家教委等一样。试问,连语言文字工作都设国家语言文字工作委员会,那为什么不能设"国家再生资源委员会"呢?不然,到了21世纪,我国生产还要几十倍成百倍地增长,情况何堪设想!

我是个外行人，我以上看法对不对？请您和您们指教。

此致

敬礼！

钱学森

1986年1月20日

中国系统工程学会该成立草业系统工程委员会

苗永庆同志：

　　近在报纸上常常看到草原建设的好消息，非常高兴！《人民日报》1986年3月10日头版头条的报道还提出了"草业系统工程"这个词。我是鼓吹系统工程的，看了不免想起成立草业系统工程学术组织，可能是时候了。我国系统工程的学术组织是中国系统工程学会，是中国科协的一级学会；其中有各专业委员会，例如农业系统工程委员会（主任委员为石山同志）。现在似该考虑成立一个草业系统工程委员会，而主要支持单位就可以是内蒙古畜牧科学院这样的单位。

　　可否考虑这样的问题？请您斟酌。以前我也曾向您那里的中国农科院草原研究所王明昶同志提起您的"内蒙古草原草业新技术开发中心"，您何不就近找他商谈一下搞草业系统工程学术组织的问题？

　　此致
敬礼！

钱学森

1986年3月14日

关于建立草业管理、学术机构和
"草业"一词英译文的信

任继周同志：

5月3日信收到，您和蔡子伟同志、张季高同志在全国政协的书面大会发言也早已拜读。我想：

（一）农牧渔业部起码应该有个草业局，您何不向中央建议？

（二）现在我国人民的营养就是动物蛋白质少了些，所以发展草业是建国大计，是三个面向所必需的。

（三）草业系统工程的呼声现已喊出去了，所以应继农业系统工程委员会之后，在中国系统工程学会中成立草业系统工程委员会。此事无非找个支持单位，而您的所就可以作为支持单位呵。中国系统工程学会的秘书长是顾基发同志（北京中国科学院系统科学研究所，北京海淀区中关村），可向他联系。

（四）草业的英文词似可仿农业的agriculture（agr拉丁文为田野，culture是种植经营），而用pratuculture或prataculture，因pratum拉丁文为草原，而罗马文的草原为prataria。请酌。

能否在2000年把我国的60亿亩草原单产值提高到80元？年产值4800亿元？

此致
敬礼！

钱学森
1986年5月9日

国家规模的人工改变气象的
气象工程会影响世界的气象

乔培新同志：

4月30日面谈后，不久前全国政协又将您提案的复制件寄我，这都使我对由空中南水北调方案有个粗略了解。现在我认为这个设想是十分宏伟的，实质上是国家规模的人工改变气象的气象工程，而且也会影响世界的气象。气象工程在40年代末就提出来了，但一直因问题太复杂而未见实施，就连简单一些的台风改向问题也无下文。所以您提出的研究计划，是必需的，但恐非近期能有答案的。

我因此将提案复制件转给国家气象总局邹竞蒙局长了。

此致

敬礼！

钱学森

1986年5月26日

关于草产业概念和国务院设草业总局

任继周同志：

5月26日信收读。

我想，在草原上大规模经营的产业才是草业。至于在农田或林地附近、间隙的草地，其经营是农业或林业的一个组成部分，不属草业。草业必须以草为主。

这样农牧渔业部要有个畜牧局，林业部也可以有个畜牧局，下面有个小小的专管种草的科，都是理所当然的。

但我们讲的是"草产业"，所以应独立于农、林部门之外，在国务院设草业总局。

如何？请教。

此致

敬礼！

钱学森

1986年5月31日

产业革命是经济的社会形态的飞跃

孙凯飞同志：

　　您6月8日九页长信收读。那个"讲话"既是内部文件，就不再退给您了，免得外传。邓小平同志不是讲要有理想有纪律吗？直爽是有理想的表现，但还得讲纪律，内外有别，该保密的要保。

　　您既然早就听了我在"经团联"的发言，应该知道我的意见：产业革命是经济的社会形态的飞跃，动力是生产力的发展，与科学革命、技术革命有关，但不是仅仅哪一项科学革命、技术革命或哪几项科学革命、技术革命的后果。因素复杂得多。所以我把科学革命、技术革命与产业革命、政治革命、文化革命的社会革命划开，这是必要的。您是这样认为的吗？

　　这一点在我是明确了的；5月22日在中央党校讲大战略时就是这么讲的。

　　我不能同意您的"生产经济学"设想。我认为"生产经济学"就是经济学概论，不必另起新词。

　　您这个所的名称很怪：从我们的观点，整个认识客观世界、改造客观世界都是马克思列宁主义毛泽东思想。怎么能把全部学问放到一个研究所中去？

　　此致

敬礼！

钱学森

1986年6月初

王栋教授可称得起是中国现代Prataculture的创始人

任继周同志：

昨得《中国草原与牧草》1986年3期，拜读大作《草原生态系统生产效益的放大》，及纪念王栋教授的文章，深受教益。王栋教授可称得起是中国现代Prataculture的创始人。您以为如何？

在中国科协第三次代表大会上见到何康部长，交谈中似流露出对草业的热心。

附上将于7月2日在北京举行的一个会的通知（我因事去不了），供您参阅。

此致
敬礼！

钱学森

1986年6月29日

关于草产业内涵和草业系统工程是草产业组织、经营、管理的学问

王明昶同志：

7月15日来信及大作稿《草业系统工程》都收到。关于文稿我谨提以下几点意见供您参考：

（一）称我为"教授"不合适，中华人民共和国从来没有给我这个职称；所以称"同志"为妥。

（二）系统工程是处理复杂组织管理工作的现代化科学方法，而草业是一个新的产业概念；所以不能说系统工程在农学范围、范畴的应用就出了草业，出不了。

（三）草业也就是草产业，是以我国北方大面积草原为基础，以种草、收草开始，用动物转化，多层次深度加工，包括食品工业、生物化工等综合利用的知识密集型产业。草业立足于草原，以草为主干。将来实现了，生产净值会到每亩草原年100元。这是要经过长期努力的，可能要到建党100周年之后。

（四）我国南方的草地，也要种草养畜，但那是附属于另外两个知识密集型产业的，农产业或林产业。所以按我的想法，只有您们开始干的才有可能发展为草产业。南方草地，不是草原，只能作为农产业或林产业的一个组成部分。

（五）这样认识草产业（或草业），草产业就是一个非常复杂的生产体系，为了管好，就一定要用系统工程的科学方法。这才是草业系统

工程。所以草业系统工程实际是草产业的组织、经营、管理的学问。

您的文稿我将转给任继周同志，请他看看。

此致

敬礼！

钱学森

1986年7月22日

我们现在迫切要回答中国式
社会主义建设所提出的问题

吴健同志：

8月5日信收到。尊夫人接受治疗了吗？有效果吗？如有我可尽力处，请告。

对《第二次技术革命与资本主义垄断制的建立》，我当然不同意"第二次技术革命"的提法，真可谓不伦不类！是产业革命嘛，第四次产业革命！再就是对生产力的分析很不够，新的科学技术进步（包括科学革命和技术革命）如何改变了生产力、生产力的结构？生产力如何提高了？效益如何提高了？这才是推动社会发展的力量。所以只讲政治经济学是不够的，要讲生产力经济学。您以为如何？

分析世界当前的第五次产业革命，也必须从生产力结构入手，不是从什么信息社会开始。

列宁的那段话是1899年初讲的吗？那时列宁还没有面临建设社会主义的问题，所以我们现在的问题是不一样的。我们现在迫切要回答中国式社会主义建设所提出的问题，真是急如星火！这就是中国社会科学界的现况；过几年会好的。这不也是历史唯物主义吗？

您说致力于教书，那当然对！但为了教书，就必须不断学习，那也就是研究新问题。怎么能限于教书呢？我想此理甚明，您是一定知道的。

　　此致

敬礼！

钱学森

1986年8月12日

下个世纪将出现以知识密集型农业型产业为主导的"第六次产业革命"

张在元副教授:

9月29日信及材料都收到。

我想的城市学是:(1)以马克思主义哲学为指导的;(2)用系统科学的观点和方法的。

所以不是只讲一个城市的内部结构,兼及与周围的关系,而是首先讲一个国家的城市体系,小到几户的居民点,大到千万人口的城市。而且要研究这个体系的动态变化,随着生产力发展、文化进步而产生的变化。

我认为我国的改革和现在正在世界范围出现的新的产业革命("第五次产业革命"),以及下个在世界将出现的以知识密集型的农业型产业为主导的"第六次产业革命",必将逐步使我国75%以上的人口居住在万人以上的各类城市、集镇。万人左右的小城镇最多,然后是小城市、中心城市、大城市、特大城市。而这又构成一个密切协作的体系。它们之间有高度发达的交通运输网和邮电信息网。研究这个变化和实施这个变化是城市学的任务。

城市学的又一方面任务就是一个城市、集镇内部的组织管理。这才是外国的所谓"城市学"。

所以我们搞城市学要站得高些,看得远些,要看到建国100周年!

以上是我的看法，请指教。

此致

敬礼！

钱学森

1986年10月4日

内蒙古草产业先从奶、肉、毛、绒四个类型做起很好

王明昶同志：

先向您拜个晚年！祝在新的一年里内蒙古草产业能有一个点初具规模！

先从奶、肉、毛、绒四个类型做起很好。但这只是开步走，各有其本来特点，而草产业则是综合性生产事业，也只有综合才能达到最佳效益。所以还要深化发展。

张书记的"念草木经，兴畜牧业"讲话，我已在内蒙古科协学会部的《领导与科学家对话》第22期见到全文，很受教育和鼓舞。将来您们开会一定要认真学习张书记的讲话。

您们的会如能请贾慎修同志和任继周同志讲讲最好，他们是专家。至于我，我就不去参加了，我这个外行，能说的都说过了，没有东西再讲了。张书记的讲话，理论联系实际，非常深刻，比我强多了！我不去参加会，预祝会议成功吧！

此致

敬礼！

钱学森

1987年1月5日

关于草业问题的谈话

钱学森

（1987年5月13日）

1987年5月13日上午，中国草原学会副理事长、农牧渔业部畜牧局草原处李毓堂处长就草业系统工程的试点情况和中国草业系统工程学会筹备工作进展情况等问题同我国著名科学家、中国系统工程学会名誉理事长钱学森同志交换了意见，现将他们的谈话要点整理如下：

李：中国草地60亿亩，居世界第二位。耕地仅占草地的1/4。现在粮食/比较紧缺，要大幅度提高产量有一定限度。因此，从战略上看，要抓紧草业。

钱：饭当然要吃好，但光吃粮食不行。

李：中国有些畜产品每年还需要从国外大量进口，同我国拥有丰富的草地资源很不相称。

钱：现在一提就是农业或造林绿化，好像没有提草业（包括畜牧业）。

李：近年来我们搞了一些初级的草业系统工程试点，一种是小范围的试点，如内蒙古敖汉旗和北京密云县的草业系统工程项目；另一种大范围的试点，如湖南、湖北、贵州、内蒙古、新疆等省、区的草地畜牧业的综合项目。试点结果表明，项目是成功的。

钱：这是真正的草产业。

李：我们今后的工作是进一步完善草业系统工程，草地的潜力很大。现在全国出现了草粉热，用草粉代替一部分精饲料，新疆戈壁荒漠飞播伏地肤，内蒙古腾格里沙漠飞播沙拐枣、沙蒿等牧草后，使昔日的不毛之地变为绿洲，创造了世界草地奇迹。

钱：现在好多问题是思想认识问题。

李：草业面广，需要做的工作很多。

钱：你们是最了不起的人。一个处10人，管60亿亩草地，平均每人6亿亩。

李：今后要继续搞好草业系统工程试点，要做好宣传工作。

钱：草业问题，试点很重要。另一方面，要多做宣传。我的一条经验就是要做好宣传工作，要有韧性。你有真理，总会被人认识的。要耐心做宣传工作，要写文章，介绍情况，当然还要具体工作，你们的声音太少了。我1955年回国后就讲系统工程，郭老（郭沫若）、劲夫（张劲夫）支持，搞了研究室。60年代不能讲了，到了十一届三中全会前夕（1978年8月），我又在《文汇报》上讲，1979、1980年还讲，到1980年底，成立了系统工程学会。1983年以后，中央领导同志也开始讲了，所以要有韧性。

李：草业系统工程学会的筹备工作在进行，拟吸收草学界从事理论研究和实际应用的人参加，该学会不同于中国草原学会，它侧重于草产业的研究，以及草业成果的实际应用。

钱：前几年我提出农业型知识密集型产业，当时是个模糊概念，现在越来越清楚了。你们搞草业系统工程试点，方向是完全对的，要抓下去。60亿亩草地是件大事，将来一个很大的任务就是做宣传工作。上次我跟中国系统工程学会负责人讲，要重视草业系统工程。你们草业走的快些，林业还没想这个问题。在草业系统工程学会这个组织成立后，做宣传工作声势会大些。草产业是个多学科的产业。中国科协将要组织跨学科的学术活动，题目是建设有中国特色的社会主义。组织跨学科的学术会议，要求各学科的专家参加，对某些具体问题提出建议，为党和国家领导人提供参考。如水资源、交通运输建设、材料科学等，也可以组织一次多学科的草产业讨论会。近期目标如何？你们什么时候准备好了，中国科协会支持的。中国的事，要水到渠成。我是有信心的。

钱学森同志最后说："党中央是很明确的。小平同志也讲，到建国100周年，我国人均产值要达到四千美金。实现这一目标不简单。就是说，既要看到现在，又要看到二十一世纪中叶。这里面的问题很多，如果不重视草产业，我觉得不行，缺了这一块是不行的，我们要有个长远的发展战略。这些战略计划中必须要有草产业，缺少这一块不行。如果不重视，每亩草地还是几分钱，将来就后悔莫及了。要搞全面建设。我们是社会主义国家，马克思主义是我们的指导思想。马克思主义是科学的社会主义。是科学，就要看到长远。我们比资本主义强，就要能看到长远。现在日本人已看到二十一世纪。我们也许火烧眉毛的事太多了，往往看不到长远，这是不行的。"

（刘自学整理）

沼气在我国潜力极大

陈际平同志：

　　1月11日信收到时已是19日，当时以为您就要来京，所以未复信。现在复您吧。

　　沼气在我国的潜力极大。《经济参考》1986年10月17日第5版载文说浙江省诸暨县株江乡农民王天喜大搞沼气系统，说1986年要扩建50米^{3}沼气池两个，一年综合生产收入，一户就可达3万元，中国该有千千万万个王天喜。再加城市沼气，也大有可为。所以您要开创的事业是伟大的，希望您下决心！

　　此致

敬礼！

钱学森

1987年2月2日

关于成立草业系统工程委员会

李毓堂同志：

6月28日来信及附来材料都收到，十分感谢！

5月的那次交谈，您讲的是重要信息；我讲的并无什么实质性东西。能不能发表？请您定吧！

成立草业系统工程委员会，作为中国系统工程学会所属的学术组织，此事中国系统工程学会正在研究，想不久即可有回音。

此致

敬礼！

钱学森

1987年7月2日

关于草业系统工程中要利用现代科学技术成果的信

王明昶同志：

8月4日挂号信我今天才收到，只能赶快复信，希望在您去海拉尔市开会之前能见到这封回信。

8月20日的内蒙古草原学会的年会我不能去：我对此专业不在行，提出草产业、草业系统工程都是外行人的呼吁，算不得什么；是要有您们这样的行家实干，才能有效果。再就是：近年来我已不去京外参加学术活动，您会也不例外了。恳请谅解！

您今年的活动缺少经费，是个困难；可否向内蒙古张曙光书记求援？张曙光同志对草业非常支持，有很好的方针政策，会解决问题的。

下面我谈些外行话，供您和同志们参考：

草产业的确在于"种""养""加""产""供""销"综合"一条龙"，但我们要把全部现代科学技术用上去也非易事；所以我以为要做长期打算，现在打基础，一面力求取得收益，而开花结果，大概要在20年后，21世纪了。

这样草业系统工程理论与应用研究在一起步就应考虑：根据全部科学技术成果，有什么可以为草业系统工程利用的？眼光放开，"种"如何改进？"养"如何改进？"加"如何改进？"产、供、销"如何改进？不要局限于当前的做法。例如：种草施肥，用化肥如何？只有这样才能考虑到下个世纪实现第六次产业革命的宏图。

有了长远的观点后，再回过头来，结合现实——您的七个试点——制定工作计划，一步一步去实践。在实践中会提出新问题，会要修改原拟的计划。

我在此强调解放思想，按辩证唯物主义去做，是又一次产业革命的大事！

当否？请您和同志们指教！

此致

敬礼！

钱学森

1987年8月14日

对"我国人民吃肉不能靠草原"说法的评语

王明昶同志：

2月7日信及相片都收到，您们开了一个很成功的会，草业系统工程有了良好的开端！

不过前途困难还会不少。近见《内部参考》1988年2月8日期（第12期）4页上就有一段文字说，我国人民吃肉不能靠草原。其理由是30年来统计数字说明草原畜牧太困难，不如在农区搞肉吃。您可以找来看看。照此说法，我们讲的草产业就走不通了。我看说这种话的人是目光短浅，看不到现代科学技术的强大威力，草原就不能进入良性循环吗？

可见，您们还要多做宣传解释工作，为什么不把张曙光同志前年的讲话公开发表？再就是宣传试点的成就。国外草原经营的好经验也要介绍，以开阔人们的眼界，解放思想。

您以为如何？

此致

敬礼！并贺春节！

钱学森

1988年2月15日

现在草业（草产业）的当务之急是办好试点

王明昶同志：

4月8日信收到。

我们应该区别草业与草产业。现在大家只是把畜牧业扩大到草业，看到草及饲料生产的重要性了。但离知识密集型的高度综合、多种经营的草产业还有很大的距离，我想草产业在我国40亿亩~60亿亩草原、草地上的实现，大概是21世纪的事了。因此，草产业的经营管理技术——草业系统工程，还有一段漫长的、从实践经验到理论总结的路程。性急是没有用的。现在是宣传草业，指出草产业的伟大前途，发展草业系统工程的意义。

因此，既然去年已经出了《内蒙古草原》的《草原与草业系统工程专辑》，今年再搞《中国草地》的专刊有必要吗？如一定要搞，把今年年初讨论会上的文章刊登也还比较实在，不要再讲空话了。我现在实在没有什么话可讲，不写了。我认为张曙光同志1986年8月29日在全区咨询工作会议上的讲话是非常好的，应该发表。

以我命名的什么草业系统工程"奖"，当然不宜搞，完全不是时机，要闹笑话的！干不得，不要帮倒忙！

总之，您既然同意"首先见效益"，那现在草业（草产业）当务之急是把您前次说过的那几个试点办好，逐步提高综合利用，向年亩产值100元奋斗！附上《多种经营报》数期，供参考。

以上请酌。

　　此致

敬礼!

钱学森

1988年4月13日

定居放牧也是草原畜牧业走向知识密集草业必由之路

额尔敦布和同志：

5月22日来信及大作《牧区"白灾"及防御对策》都收到，十分感谢！

您汉语文用得这么好，而我对蒙古语、蒙古文却一语一文不懂，真比您差远了；蒙古族是我的兄弟民族，我真对不起您呵，请谅！

至于您的论文，我也不是搞畜牧草原事业的，所以不敢妄加评议。我只想您提出定居放牧，自然是能从根本上解决"白灾"的危害；而且定居放牧也是草原畜牧业走向将来知识密集的草产业必由之路。所以似应下决心做此长远打算。这是我的一点外行人的认识。

您的文章既在全国第五次畜牧业经济研究会年会上宣读过，当然会受到同行及有关领导的重视，我看我也不能再在此上加点什么了。

祝您取得更大的成就！

此致

敬礼！

钱学森

1988年6月6日

要高度重视草原林业的建设

尹润生同志:

来信及《林业问题》1988年1期都收到,十分感谢!看了之后,也想到以下几点:

(一)您四位两万字的大作很好,对中国林业发展战略论述正确。美中不足的是:对林业与生态环境、水资源、水土保持,以至农业生产的关系讲得不够充分;这也是人们不重视林业的根本原因,只顾眼前,不看长远!

(二)您从林业经济的观点,讲了公益林,生产林和综合效益林,自然是对的。从所有制及经营方式论,可以分为国有林区林,集体所有林区林,平原农田林;即第一林业、第二林业、第三林业?其实第一林业、第二林业、第三林业都不同程度上兼有公益及生产的功能,都是综合效益林。

(三)平原有农田林业(Agroforestry),那就不能有草原林业(Pratoforestry)了吗?我想我们国家一定已经有草原林业,还未引起重视。您们不该调查研究草原林业吗?将来国家重视了,这可以是第四林业,会比农田林业(第三林业)还大。

以上请酌。

此致

敬礼!

钱学森

1988年6月27日

只要用科学，草业是可以抓好的

任继周所长：

首先向您恭贺新年！也要向您祝贺当选为中国草原学会第二届理事长！愿中国草业繁荣昌盛！

看了您在《中国草业科学》1988年6期上的文章很受鼓舞，证明只要用科学，草业是可以抓好的。前几天读到全国政协去新疆内蒙古等地的调查报告，又说明不科学、无知，是要办错事的。所以中国草原学会要发挥作用！因此我认为第二届全国草原生态学术讨论会建议书应直送田纪云副总理。请考虑。

此致
敬礼！

钱学森

1989年1月7日

草原和草业建设运用现代科学技术手段
就可年创产值几千亿人民币

田纪云副总理：

奉上几个关于草原草业的材料：

（一）甘肃省草原生态研究所所长任继周来信及他在七届全国政协的提案。

（二）我在1985年写的两篇东西。

不久前原农业部副部长老农业科学家杨显东对我说："60亿亩草原草地比耕地大4倍，是我国极大的一笔财富；可惜现在已沙化20亿亩，如不大力抢救利用，是我们的罪过。"

我看这60亿亩要区别对待：有大约15亿亩是在农区或林区的草地草山，这些仍属大农业或大林业，可归国家农业部或国家林业部管；农业部现在就有畜牧局。问题最严重的是43亿亩草原和大约2亿亩沿海盐碱草滩，这45亿亩潜在资源不受重视。不受重视，因为这45亿亩年产值才几个亿！但我们要看到，搞好了，真正运用现代科学技术，年产值可以达到几千亿人民币！

但这是项社会主义建设的长远事业，45亿亩的事业要用几十年的艰苦努力，不能放在眼前工作已经十分繁重的国家农业部去管。我建议国务院考虑设国家草业局，专管草原及草滩。将来到21世纪，国家会有草业部。

以上建议不知当否，请指示。

　　此致

敬礼！

钱学森

1989年1月24日

建议政协经济委员会专门组织探讨草原草业问题

任继周同志：

附上一组复制件供参阅：

（一）《科技日报》1989年1月25日，1版载访李博同志的报道。

（二）全国政协常委会1989年1月25日大会发言中，内蒙古自治区赤峰市政协苏赫同志发言记录。

（三）我给田纪云副总理的信。

为了推动草原草业，我已向全国政协常委经济委员会副主任孙越崎建议：请他们专门组织探讨草原草业问题。他似不反对此建议。

此致

敬礼，再贺春节！

钱学森

1989年1月28日

谈草业发展和机构问题

钱学森

（1989年3月24日）

任继周教授年初给我来信，说我们的草原正加速走向毁灭；接着中国科协开常委会，请了几位荣誉委员出席，这里面有农业科学家杨显东同志，他是农业部的老副部长，讲到草原破坏，他激动了，说我们简直不像话，再不抢救利用，真是罪过。我想，在我国要把草业搞起来，就要有专门的管理机构。农业部设草业局也解决不了问题，农业部太大，他们要操心的事太多，实在忙不过来，所以，一定要在国务院单独设置机构，我给国务院领导同志写信建议成立国家草业局。这条建议我不改变。

这件事本来是很清楚的，问题是怎么样让领导真正认识到。中国科协去年组织讨论中国的营养问题，讨论来讨论去不就是蛋白质太少吗？这同我们讲的草业，其实是一个题目。我原还不知道，国家每年花15—20亿美元进口20万吨羊毛，这怎么能长期维持下去？当然，建立草业，是件费力气的事。只要国家下决心，中国的科技人员会像搞原子弹氢弹一样，吃多少苦也要搞上去。

我把草业分成两个部分：农区或林区的草山、草地属于大农业或大林业，它们的条件比较好一点，还是由农业部、林业部管；再就是牧区的大约43亿亩草原和沿海的大约2亿亩草滩，一共大约45亿亩。这45亿亩现在经济效益太低。国家要有一个长远眼光，看到下个世纪，这要请国务院单独设立草业局，任务是把45亿亩草原建设起来。开始可以精干一点，但要能直接向国务院领导反映情况。找一些志愿把发展草业当作终身奋斗目标的人，三十年五十年也要干下去。事情就干出来了。这是百年大计，涉及我们子孙后代的问题。国务院设一个小小的草业局，有什么做不到的呢？我想来想去，只有这个建议，别的办法不行。

草业是不该削弱的，但近年来是越来越不重视！当然现在种草的效益暂时不大，45亿亩草地每年的产值才十几个亿，放在一个大部里头总是不起眼，看不上。要真正看到草业将来的地位，45亿亩草地搞好了，产值可以达到几千亿！所以必须下决心单设一个机构，不管别的，一心一意就干这件事，从小做起一点一点去做。事情只能这么办。三十几年前我们搞导弹，开始就这么几个人，借了一个地方，开饭只三桌。30个人把事情干起来。农业部的摊子大，头绪太多，现在粮食问题又那么紧张，他们注意不到种草这些事情，我不怪他们。但是，在农业部设草业局是搞不起来的，这几十年的经验教训还不明白吗？所以，建立机构，软的不行，就得来硬的。看准了就下决心，当成国家的一件大事来办，一点一点地干下去。干这件事的人是有的，如中国农科院草原所、甘肃草原生态所，都是愿意拼命干的。

（李毓堂整理）

致李鹏总理、田纪云副总理的信

李鹏总理、田纪云副总理：

我今天接到甘肃省农业大学教授、甘肃草原生态研究所所长任继周同志来信及致您二位的报告，要我转呈。我现在把信及报告（二份）送上。

我自己对草业的意见已于今年1月24日以书信形式向田纪云副总理报告过，也于3月22日下午当面向国务院机构改革办公室方克定同志谈过。

谨此报告。

此致

敬礼！

钱学森

1989年3月30日

关于草产业有何动向，请便中告知

任继周教授：

想此信到达左右时，您早已南访归来，对草产业必多新感受。附上一信，来自王明昶同志，请参阅。

关于中国社会主义草产业的动向，有什么消息，请便中告知；甚感！

此致

敬礼！

钱学森

1989年5月13日

中国21世纪草产业一定要赛过新西兰、澳大利亚

王明昶同志：

8月8日及10日信及碱谷照片5张都收到，十分感谢！您对我过奖了，其实我做的只不过是党所领导的、有千万科技工作者参加的伟大科研系统工程中的一粒小芝麻，真算不上什么。一切成就归于党，归于集体！

您的工作大有希望，您才60岁，您80岁的时候，中国的草业或进而发展成21世纪的草产业一定要赛过新西兰、澳大利亚！

我向您和王效笃同志致敬！我向王宁同志、王坚同志和王博同志问好！

此致

敬礼！

钱学森

1989年8月16日

要在次生盐渍化土地开展草原系统工程试验

任继周所长：

7月15日及8月9日信都收到，两篇博士论文则尚未见到，可能是邮递障碍？

美国佬给我发奖章，我觉得没有什么。因为对一个中国科技工作者作评价，最有权威的是人民，而不是一个美国的什么评审委员会！但8月7日江泽民同志和李鹏同志代表党和国家接见了我，这可是中国第三代领导人对中国科技工作者的重视，您和我都会感到鼓舞！我们要努力！

您要对河西走廊次生盐渍化土地开展草业系统工程试验，故附上呼和浩特草原所王明昶同志寄来的五张照片，供参考。

此致
敬礼！

钱学森
1989年8月19日

建议应加强对国家宏观层次的技术经济问题的研究

《技术经济》编辑部：

近得您部送来的《技术经济》1989年1、2、3、4及第5期，十分感谢！

读后认为贵刊似乎对国家宏观高层次的技术经济问题研究得不够，而这是我国面临的重大问题。在今天我们要认真考虑邓小平同志提出的"科学技术是第一生产力"的原理。社会主义初级阶段的建设方针是一个中心、两个基本点，而中心的经济建设，必须靠科学技术。是科技兴国。

当然这是个十分复杂的问题。一年多以前在一次中国科协常委会上，科协副主席、浙江大学校长路甬祥教授就指出：科学技术要成为生产力还需要社会多方面的配合。这当然是对的。所以我建议《技术经济》组织力量开展对这个问题的探讨。

其实技术进步与国家经济的关系也是许多国家在议论的热门话题，可以参考的材料很丰富。如新华通讯社出版的《世界经济科技》周刊，差不多每期都有这方面的文章：今年8月29日期21页《技术进步带来市场的全球化和生产的国际化》，9月12日期28页又有《美政府正探讨如何加强美高技术工业以迎接日本挑战》等。美刊 *Scientific American* 今年10月号头篇文章即为 *The Quiet Path to Technological Preeminence*，说的也是以发展科技振兴美国经济（此文将见四川出版的《科学》）。我们要参考这些材料，吸取其中能为我社会主义中国所用的东西，按党和国家的方针、政策制定科技兴国的具体建议。

我认为也可以考虑这样一个目标：在建党100周年之际，我国工农业的生产技术要是当时世界第一流的水平。这当然要敢于跨步跃进，不能一步一步爬！中国人是能这样干的：50年代后期开始的两弹卫星工作，在党中央领导下，在周恩来同志和聂荣臻同志的指挥下，我们中国人不是干过，而取得成功吗？

请编辑部同志考虑这个问题。

此致

敬礼！

钱学森

1989年10月4日

草产业是中国社会主义物质文明建设的大事

王明昶同志：

11月7日信及尊作《草业与草业系统工程》都收到，十分感谢！

我们宣传多年的事业是中国社会主义物质文明建设的大事；而昨见《人民日报》有农业部副部长刘江同志答记者问，也说"瞩目大草原"。可见我们的工作还是有点成果，可喜！故奉上剪报复制件，供参阅。

此致
敬礼！

钱学森

1989年11月21日

社会主义建设要持续、稳定、协调地发展

于景元同志：

12月11日信读了，感到如何搞社会主义建设的计划的确是个尚待回答的问题。我想有两条原则：（1）社会系统的概念要落实；（2）用定性与定量相结合的综合集成法。第二个问题在我们三人送《自然杂志》文讲了，而第一个问题还要进一步明确。请您考虑再写篇文章。

社会主义建设之所以是社会主义的，在于坚持四项基本原则。这样，社会主义建设包括三个方面，即社会主义物质文明建设、社会主义政治文明建设和社会主义精神文明建设。但还有一个基础或环境，是以上三个社会主义建设所依赖的：这就是社会主义地理建设，也即地理系统的建设。社会主义地理建设包括：

（1）资源考察；

（2）交通运输建设；

（3）信息事业建设；

（4）能源（发电供电、供气）建设；

（5）水资源建设；

（6）环境保护及绿化；

（7）城市、集镇建设；

（8）气象事业建设；

（9）防灾；

（10）其他。

这其他也许包含金融事业。地理建设是我国现在最得不到注意的，因为好像都是10年、20年后的事！我们在犯错误！王任重同志在不久前的七届全国政协常委八次会议上讲："我们不只是看到今后10年到21世纪末的问题，而是看得更远一点，看它100年、几百年、上千年，我们国家到底怎么建设？没有这样的战略考虑，将来对我们的后代贻害无穷，说明我们这些人短见，近视！"对此我完全赞同。王任重同志举的事例就是铁路、发电、水资源等，都是上面讲的社会主义地理建设。

社会主义建设要持续、稳定、协调地发展就要求四个社会主义建设配套，不只是以前说的三个社会主义建设。这个原理要深入人心才行。所以请您这位大行家写文章，叫那些搞"社会发展总体规划"的人清醒过来！

请酌。布热津斯基的东西在王寿云同志处了。

此致
敬礼！

钱学森

1989年12月14日

建议社会主义中国创建再生资源学

孙鸿烈同志：

12月9日来信及大作《废旧物资学基础》总论、分论上下册共三册都收到，十分感谢！

您退出一线工作；但您并没有休息，而是尽力于干部培养。这是大好事，因为您可以不为日常事务耗费精力，而集中于更全面地考察并研究再生资源问题，最后在社会主义中国创建再生资源学。

但这就要站得更高、看得更远。您长期在商业部系统工作，所以注意力集中于废旧物资，也就是人民日常生活中产生的废旧物资。这当然是再生资源的一个主要部分，但不是全部，还有：

（一）国家计委资源节约和综合利用司鲁兵同志抓的工业废水、废气和废渣；

（二）物资部抓的物资再生利用；

（三）环保局关心的垃圾、粪便、污水及污染问题。

以上已是国务院四个部门的业务了，可以还有其他。社会主义的再生资源学要综合所有这些再生资源工作，您今后是大有可为的，要跳出老框框。这是可以办的，因为您已在高等院校科技开发集团人才培训部了。

社会主义是最科学的，想得最远，不但今天、今后几十年，而且看到上百年、上千年，资源永续嘛。

废旧物资中还有旧书问题，您考虑过吗？见附上复制件。

就写到这里，恭贺新年！

钱学森

1989年12月20日

关于草业社会主义经营体制问题

李毓堂同志：

今天是1990年春节，我首先向您拜年！愿草业在新的一年里有新的发展！

您寄来的文章和材料都收到。

去年12月1日李鹏同志在全国农业综合开发经验交流会上有两段重要讲话。他说："发展农业，一靠政策，二靠科技，三靠投入是句老话。老话还得说，但要给予新的含意。家庭联产承包责任制要稳定不变，继续执行下去，这是保护农民积极性的重要措施。但是停留在这个水平上，只靠家庭联产承包责任制，农业要上新台阶是不够的。现在在有条件的地方实行双层经营体制是可行的。服务体系的建立和发展要靠各级政权部门的支持和组织，各级党委和政府都应给予足够的重视和引导。服务体系发挥集体经济的优越性，而家庭联产承包责任制保持了农民的积极性，两者相结合就能发挥出更大的作用。这个服务体系是为农民服务的，一定会受到农民的欢迎。"

李鹏还指出："农业科技推广是个大问题。我们有许多很好的、比较成熟的适合中国国情的农业科技成果，但很多还停留在实验室和试验田里面。农业科技推广，一是要解决投入，二是要解决农业科技队伍深入到农村的问题，三是要对农民进行科学技术教育、培训。农村教育必须加上农业职业教育，这样才能巩固发展农村教育，并推动农技的推广。”

　　李鹏同志的这些话是有道理的，在我国的一些农业发达地区已经实现了，如苏南地区的昆山县，有一户农民共六口人，有老人小孩，所以折算成2.5个全劳动力；他们承包了60亩地和4亩水塘，当然全部农活2.5个劳动力是不够的，他们靠的是集体制的产前、产中、产后的专业化集体制服务公司。而昆山县有预见，地区性农田水利设施搞得很好，又支持并组织了完整的农业服务体系。这家农户，2.5个劳动力一年纯收入1.7万元，每个劳动力年收入6800元！这就是社会主义的中国农业，土地全民所有，家庭联产承包，专业集体制服务公司，政府组织并做必要的投入，同时发展教育及科技。到2050年全国要实现这样的农业，而且承包户的承包田亩不是60亩，而会扩大规模到600亩，承包户成了承包“厂长”了。这种农业经营模式实际也是世界一般的现代化模式；我们与资本主义国家的区别，一个根本区别，在于土地的全民所有制，在于中国共产党领导的社会主义制度。

　　我为什么说了这么多农业问题？因为农业最受国家重视，因此已搞出了一套社会主义农业的总体设想和制度。其他如大的林区，也成立了林区企业，是大型企业了。近见报载内蒙古大兴安岭林区公司的经营，也是育林、木材加工和多种经营并重。将来还可以搞福建省季天祜高级工程师提倡的林纸结合的企业。

　　至于规模较小的（1）林草结合的山区综合治理，（2）林草农结合的南方草地都可以用农业的体制，家庭联产承包与服务技术集体公司的相结合。

　　草原草产业是目前最差的。但根据以上所述及您的《中国草业建设十年成就发展趋向及优化战略建议（初稿）》，我以为大的轮廓还是清楚的，即：

　　（1）草原土地全民所有；

　　（2）草牧畜结合牧户联产承包（要加“畜”，不能“公有私养"），可以土地面积承包，面积几百亩至千亩；

（3）组织服务集体公司，包括屠宰公司、副产加工厂、饲料加工厂、草种公司、飞播公司……这是要投资的；

（4）政府组织及地区建设。

以上四条，后两条最难，现在无人管，国家农业部也顾不上！而且需要为40多亿亩草原投资几千亿元！

所以，我还是建议国家设国务院草原管理局。

以上不知是否有当，请教！

此致

敬礼！

钱学森

1990年1月27日

对一封社会来信的答复

张志美同志：

2月2日来信收到，我十分感谢您给我提供的有关草业的情况和所提出的意见。

我当然对草业毫无实践，只是听人说，从中学习而已。给我讲草业情况的有：中国科协荣誉委员、原农业部副部长杨显东同志，中国农科院草原研究所王明昶同志，甘肃草原生态所任继周同志和农业部畜牧兽医司草业处李毓堂同志。他们给我的信息与您在信中说的并无多少差别。任继周同志和李毓堂同志而且也不同意我说的要设置独立的国务院草原局的建议，认为近期难以实现。现在您也反对，这可以说对我不是新闻了。

但我要诚恳地向您说，我仍坚持在国务院设草原局的意见。这个局专管在我国北方40多亿亩草原草产业；农区草场归国务院农业部，林区草地归国务院林业部。我坚持要设国务院草原局，因为这是件社会主义建设的大事，搞好了，用上现代科学技术，系统工程，这40多亿亩草原的年生产总值可以是几千亿。这么大的事，不设置国务院专职机构怎么行？这本身就不是科技问题，而是政策问题——宏观国策。

基于以上理由，我仍建议在国务院设专管40多亿亩草原草产业的草原局。

您的信我已转给李毓堂同志，他是中国草原学会现届常务副理事长。我前不久有一封信给他，现复制附呈，请指教。

　　此致

敬礼！

钱学森

1990年2月12日

关于甘肃农大筹办草业学院和草业试验站实体的信

任继周教授：

您3月27日在京丰宾馆写的信，今天我才见到。您的情意，我很感动，谢谢您！

（一）您的《规划》我最感兴趣的是其11页一、二行的那句话："筹办甘肃农大草业学院……在一定程度上使组织上成为一个实体。"因为草业是草产业，高度知识密集型的现代化产业，其经济效益一定很高；故如能办好7个试验站，使成为草产业企业，一定能支持草业学院。您如能在21世纪初完成此任务，是了不起的。祝您成功！

（二）草原科学一词似只是草业或草产业所需科学技术的一小部分。

（三）6月下旬的会，我争取参加。届时看情况，我估计问题不大；我想我还能活几年。现在腿病好些，其他是些小病，每天伏案几小时还是可以的，请释念！

（四）令人发愁的是上面忙于燃眉急事，草业、草产业上不了议事日程！无可奈何。

此致

敬礼！

钱学森

1990年4月12日

国务院应设"沙业局"，21世纪成立国家沙业部

刘恕同志：

4月30日和您及陈大姐谈得很好，非常感谢您们！

近日又翻看了中国林业出版社于1984年出版的《治沙造林学》，看到此书写作名单，我以为他们如愿意，都可为将来"沙产业学会"或"沙业学会"的成员。您可能认得他们：高尚武、江福利、朱震达、赵兴梁、赵广明、赵玉章、郭普、唐麓君、李滨生、李金田、齐之尧、张强、张奎璧、张敬业、陈隆亨、陈茂才、陈必寿、施及人、许清云、谢浩然、刘德安、宋炳奎、宝音、冯显逵、潘伯荣、窦明彦、王泽，共27人。当然还有您和田裕钊同志。

成立此学会是为了先造舆论，宣传沙产业在我国社会主义建设中的重要性，并讨论我国沙产业的50年规划。例如：在我国近20亿亩干旱区戈壁、沙漠及半干旱区沙地选日照充足而又风沙不大的1亿亩作为太阳能发电区，年均电功率即可达10多亿千瓦。再治沙造林、造田，年均500万亩，50年即可改造2.5亿亩。余下的沙漠发展沙漠种植生产。这不是对祖国建设的巨大贡献吗？

学会的研究讨论最后引起党和国家的重视，就有可能把有关科学技术力量组织起来，成立"沙业科学院"；在国务院设"沙业局"，最后在21世纪成立国家沙业部。

我这可能说到100年以后的事了，但事情总要有个开头。请您考虑。

　　此致

敬礼！

钱学森

1990年5月3日

地理建设应包括农业、林业、草业、沙业等的基本建设

王寿云同志：

地理建设似应包括以下各方面：

（1）交通运输——铁路、公路、河运、海运、民航……

（2）信息通信——电话、电报、光缆、无线、卫星、导航……

（3）能源供电——水电、火电、核电、风电、日光电、生物能、供气……

（4）水资源及环保工程；

（5）城市及居民点建设；

（6）气象及"天象"；

（7）灾害预报及防治；

（8）矿藏勘测；

（9）农业、林业、草业、沙业等的基本建设。

此致

敬礼！

钱学森

1990年7月4日

草产业的概念不仅是开发草原、种草，还包括
饲料加工、养畜、畜产品加工以及毛纺工业

李毓堂同志：

来信及大作和材料都收到，十分感谢！

草产业的概念不仅是开发草原、种草，还包括饲料加工、养畜、畜产加工。最后一项也含毛纺织工业，故奉上复制内蒙古社会科学院出版的《经济·社会》1990年4期文，供参阅。

此致

敬礼！

钱学森

1990年9月17日

关于利用生物科学技术发展饲料生产的信

李毓堂同志：

近日又看到一些材料，现附呈两份。那份垂直折流厌氧污泥床反应器的研究是高技术了。

从这些材料我想到一个问题：在下个世纪我们国家应该利用生物科学技术，通过饲料工厂，把下列现在作为废弃物的东西，生产大量畜禽的饲料，使饲料年产量比现在扩大几十倍、几百倍、上千倍：

（1）畜禽粪便；

（2）畜禽产品加工中废弃物；

（3）城市粪便及部分垃圾；

（4）草及农作物秆节；

（5）木本植物叶、枝；

（6）工业废液、气、物。

当然还要加菌种和添加剂。饲料工厂还可以产生沼气，除供饲料工厂自己用之外，可能还会作为燃气供生活用。

正如附上的两份材料，近年来我国对饲料生产已做了大量工作，国外也有许多成果可用，开始上述事业的条件是具备的；更何况生物科学技术正在大步前进。故提出这个想法，请考虑是否有当。这关系到我国

21世纪的食品供应大问题。

　　此致

敬礼!

　　　　　　　　　　　　　　　　　　　　　　　钱学森

　　　　　　　　　　　　　　　　　　　　　　　1990年9月24日

草业到21世纪是草产业

李毓堂同志：

10月7日信收到。

现在是宣传并建立草业，到21世纪是草产业；现在促使国家草业局成立，到21世纪将是国家草业部。但我已将80岁，只能当个顾问，现在的草业，将来的草产业都只能请您和任继周同志负责。所以我不能做您信中要我办的那两件事：12月初的会请假了，电影我也不上镜头。

请原谅我逃了！

此致

敬礼！

钱学森

1990年10月17日

草业科学将与农业科学、林学科学并列，
21世纪中国该有草业科学院

王明昶同志：

去年12月29日信及尊作三篇等都收到，十分感谢！对中国系统工程学会草业系统工程委员会及草业学会的成立，对内蒙古草业系统工程学会的成立，我谨表示祝贺！

读了您的《草业系统工程（提纲）》，使我知道草业科学的历史；因此更加意识到我6年来做的一点事是微不足称道的。大家让我当名誉理事长，我实不敢当！但从历史更看到前途远大，草业科学将与农业科学、林学科学并列。现有中国农业科学院、中国林业科学院，将来21世纪不该有中国草业科学院吗？该考虑草业科学的结构体系。请酌。

此致
敬礼！

钱学森

1991年1月15日

把青藏高原建成世界最先进的"高原乐土"

田裕钊副主任：

刘恕同志和我一直在宣传地理科学的事，您大概是知道的，我想您会支持这个观点。

近读您委张有实副主任在《自然杂志》（1990年10期）《河欢》一文，深受教益。又见《人民日报》1990年11月1日1版有建设青海格尔木开发试验区的报道。因此我想地理科学领域有件大事要办：规划设计在下个世纪把青藏高原地区（包括青海省、西藏自治区、四川甘孜藏族自治州、四川阿坝藏族自治州及甘肃甘南藏族自治州）建设成为社会主义的21世纪的、世界最先进的"高原乐土"。此地区总面积有大约230万平方公里，比黄河流域的79.4万平方公里大得多。社会主义中国不该办这样一件事以示全世界人民，我们社会制度的优越性吗？而且这也将彻底解决民族问题。

这当然要用现代科学技术的成果，包括高技术、新技术，眼光要看得远些，看到2049年以至21世纪末。我想对此您委是有基础的，多年来对青藏高原做了大量考察，掌握丰富的调查数据资料。办这件事也许还要同地理研究所协同；可能也要找中国地理学会（如该会秘书长瞿宁淑同志）。这些就请您考虑了。

以上当否？请教。

此致

敬礼！

钱学森

1990年11月5日

用科学技术改造地理系统，使它更有利于人类社会的生存发展

全石琳教授：

1月17日信及尊作都收到。今已1月25日，想此信已赶不上中国地理学会的讨论会了。

但也无妨，学术问题不争朝夕，是长期探索任务。我看中国的地理科学工作如能在本世纪末有个基本统一认识，就很好了。在下个世纪总可以建立中国地理科学院了吧？

对地理科学体系结构，要您们这些行家来研究，我是外行。从我这个外行看，似有以下几点，请您考虑：

（一）地理界似分两大领域，自然地理和经济地理。自然地理归中国科学院，而经济地理的学会研究会又归中国社会科学院。竺可桢先生早在50年代初就指出地理学要为社会主义建设服务，要汇合自然科学和社会科学。所以自然地理工作者和经济地理工作者必须团结合作，互相帮助；只有这样才能建立地理科学。

（二）地理系统是开放的复杂巨系统，它包括自然和人，以及人造的交通、能源、通信设施。地球表层学这门地理科学的基础学科就是研究地理系统的理论，要全面，不能偏到一个侧面。

（三）人在通过实践了解到客观世界的规律后，就要能动地利用了解到的客观规律去改造客观世界。对地理环境受人类活动而会恶化，人先是盲目的；水土流失、沙漠化……产生了，才有人敲了警钟。但对

此，又有人悲观失望，如"罗马俱乐部"。这也不对，用科学技术，我们可以改造地理系统，使它更有利于人类社会的生存发展。这也可以是地理科学的总精神，即地理科学的哲学概括——地理哲学。

（四）地理哲学应居地理科学体系之首，在地球表层学之上，直接联系马克思主义哲学。

最后祝北京讨论会成功！

此致

敬礼！

钱学森

1991年1月25日

请中科院推动21世纪的产业革命

李振声副院长：

我最近读了《现代化》1991年4期李存富的《创造新物种的人》，很受启示。所以写这封信。

大约7年前我提出要在21世纪的社会主义中国创建农业型的知识密集产业，并认为这是第六次产业革命。（见附呈拙文）

要推动这项工作，既需要有科学技术学问，又要有实践的经验并了解我国农业生产情况。您是具备所有这些条件的；我不行。

而且您又是中国科学院副院长，也具备工作环境。所以请您考虑推动这项21世纪的产业革命。

此致

敬礼！

钱学森

1991年5月20日

应设立国家草业局，落实草地区域开发规划和计划

李毓堂同志：

　　草业协会即将成立是好事。我也希望中国草原学会能搞起来。

　　近日报载全国治沙工作会议的消息及江总书记李总理致会议的信，以及大规模治理利用沙漠的十年规划，感到这是由于国家林业部高德占部长在抓。对草产业，国家草业局是该设立的，不然现在十年规划和"八五"计划会落实不了。怎么办？

　　此致

敬礼！

　　　　　　　　　　　　　　　　　　　　　　钱学森

　　　　　　　　　　　　　　　　　　　　　　1991年7月31日

关于草地区域开发中设立草产业
试验示范点问题的两封信

（一）

李毓堂同志：

近日来又翻看了《全国草地区域开发规划和"八五"计划纲要（1991—2020年）》及《"八五"—"九五"期间全国草地区划开发工程重点项目计划表》，感到明确地提出要设国家草业局及十二个省、自治区的草业局，这是非常好的。

但也感到文件中对"草产业"的概念不突出。面向21世纪的社会主义中国，一定要开发知识密集型的综合草原草地产业，当然这是一件要用现代科学技术的系统工程，要探索，非一朝一日之功。所以规划和计划中一定要有草产业的试验示范点，可以设三个：北方草原一个，北方草山草地一个，南方草山草地一个。

近见《经济日报》1991年8月29日1版有新疆阜康县的报道，似具备搞北方草原试点的条件，1万多哈萨克牧民现在已全部定居，有些定居点还利用太阳能发电照明，建电围栏，使原来的传统牧业生产向现代畜牧业转变，而且阜康县距乌鲁木齐市才约100公里。《重点计划表》的"二、12"项有阜康县，但那是讲整个阿勒泰地区的。不集中。能不能选阜康县为北方草原的草产业试验示范点？将来年产出应是几个亿。

以上当否？请教。

此致

敬礼！

钱学森

1991年9月2日

（二）

李毓堂同志：

　　我非常高兴地看了您9月27日来信及阜康南山试验场的报告，我认为阜康南山已有了草产业的开始，如投入科技力量抓住不放，一定能成为北方草产业典型。有了典型就能说服人了。

　　对促使中央决策，可否由草业协会写个有力量的报告，上送中央、国务院？

　　请考虑。

　　此致

敬礼！

钱学森

1991年10月8日

农牧结合就是知识密集型农产业

高勒琪同志：

　　10月21日信及附件拜读。对您的祝贺我要表示衷心的感谢！

　　我完全同意您的意见；当然，一切工作都要用马克思主义哲学来指导。至于农牧结合，那就是我近年来宣传的知识密集型农产业；它不但要用马克思主义哲学为指导，而且要用有关的现代科学技术，包括生物工程和系统工程。

　　愿国务院的会议早日开成！

　　此致

敬礼！

钱学森

1991年10月29日

地理建设是对自然环境的认识与改造

潘玉君同志：

10月15日信及大作都收到，十分感谢！

读了您的文章后，感到您的确是位地理专家，对地理学的历史发展及观念的演变讲得很清楚。但您对今天科学技术的飞跃进步，从而生产力有极大的提高，改变着世界的面貌似了解得还不够。用科学技术还可以能动地改造我们生存活动的环境，这就是我说的地理建设。

地理建设包括对我们所在的自然环境的认识与改造，即研究自然地理，然后搞水土保持，兴修水利，铁路、公路、航运、民用航空建设，通信建设以及供电、供气、供水等。

现代科学技术所能提供的可能性是惊人的。美国正在搞一个称为Biosphere Ⅱ（生物圈Ⅱ）的试验（意思是Biosphere Ⅰ是我们习惯的地理环境），实是一个大密闭的温室，占地1.27万米^2，4男4女不靠外界供应要在其中生活。如试验成功，那就说每公里^{2}的地面土地上可以养活628人；我国960万公里^{2}国土上可以有60亿人口！

地理哲学必须看到这些前景。当否？请教。

对地理科学我还在学习，请您再不要称我为"老师"，我不敢当，称"同志"吧!

　　此致

敬礼!

钱学森

1991年11月2日

千万不要像罗马俱乐部那样，只唱悲歌

李冀蜀同志：

　　我很感谢您10月27日来信，代表时代文艺创作社和北京市边缘科技新产品制作所对我获奖的祝贺。《生命之源的危机》及《保护地球》也收到，谢谢！

　　您和国家环保局及北京电影学院要拍摄一部大型保护地球资源与生态环境的专题片，有一点我提请您注意：千万不要弄得像马尔萨斯人口论和罗马俱乐部那样，只唱悲歌。我们要看到现代科学技术使人类认识事实并采取措施，不但保护我们生存的环境，而且能改造它，使它让人类活得更好！这种看法才是马克思列宁主义毛泽东思想的。

　　奉上拙文一篇供参阅。

　　此致

敬礼！

钱学森

1991年11月7日

中国人搞的农牧结合农产业开始了

王明昶同志：

我很感谢您和王效笃同志10月20日来信，您对我是过誉了，我在建立以马克思主义哲学为最高概括的现代科学体系仅仅开了个头，今后还要靠包括您们在内的许多同志共同努力！蒋英同志也和我一起感谢您们的好意！但我们从来不向同志们赠送我们的相片，感到这样做不妥。所以您们的要求我们不能办，敬恳谅解！

您送来的研究材料使我很喜欢，这是中国人搞的农牧结合农产业开始了！愿同志们继续努力，取得更大的成绩！要建立知识密集型的、综合性的农产业！

蒋英同志和我向您和王效笃同志问好。

此致

敬礼！

钱学森

1991年11月18日

祝贺中国草业协会成立致信，
谈中国草产业发展的几个问题

李毓堂同志：

今天是1992年元旦，我向您拜年！

读了您去年12月24日信及大作《草业系统工程的理论与模式》，以及内蒙古引黄灌溉草业的报告，感到对中国的草产业的几点想法，谨陈述如下：

（一）草产业的理论在您和大家努力下，已有了个初步的框架，今后还要在实践经验的总结中不断提高。

（二）这几年，我国草产业已有不少成功的试点，从实践中证明草产业的概念是可行的，大有前途的。但也要看到，已有的成就离知识密集型的草产业还有很大的距离；我说的第六次产业革命还未起步。因为生物科学60年来的科学革命和高新技术，在草产业的应用还差得远（见全国高技术新技术农业应用学术讨论会专家组报告《高新技术农业应用的成就和展望》）。真正知识密集型草产业的出现，中国的第六次产业革命，将在21世纪下半叶。

（三）知识密集型的草产业可否用一句话来概括？即：这个草产业要最有效地把草原草地草滩上的太阳光能，首先通过植物，然后动物，再加水资源、能源及其他工业材料的投入，最后产出的是直接上市场零售的商品。所以是草业加深度加工业。

举个例子：日本人曾发现，把畜类的骨头磨成粉浆，可以制成"骨头豆腐"，既营养，又可口。

（四）所以草业协会要大力宣传知识密集型草产业及第六次产业革命的光辉前途，要看到21世纪！光明的未来！

（五）看到美好的未来了，中国人就要通过革命的实践去创造这个未来。这就要研究困难和障碍在何处。现在许多领导同志讲我国社会主义建设就是不提草业；内蒙古王群书记去看了引黄灌溉种草养畜的试点并给以充分肯定，但王群同志于1991年12月28日《科技日报》1、2版上讲科技兴内蒙古的文章，提到了97个大中型企业，但就是一字不提"草"！"八五"计划和十年规划对"草"就讲得最少！这必有深层次的原因，60亿亩地的大事呵！草业协会应该下功夫探讨这个问题。

以上五条请草业协会的同志考虑。也算是祝贺草业协会的成立。成立大会就不一定去了。

此致

敬礼！

钱学森

1992年1月1日

要实干才能开创草产业

王明昶同志：

3月1日来信收到。

我非常高兴您要在距市不远的地方建一个"草业系统工程试验站"，因为只说不够，要实干才能开创草产业。至于草业系统工程学会名誉顾问一事，我仍请求免了吧！这类事找我，我是一概婉谢。应承您的这一处，我怎么对付其他方面的要求？此例不能开呀。还是请您和常委们谅解！

　　此致

敬礼！

　　　　　　　　　　　　　　　　　　　　钱学森

　　　　　　　　　　　　　　　　　　　　1992年3月6日

要考虑北方草原林网化的问题

王明昶同志：

近见《人民日报》1992年3月9日1版有林网化牧地的报道：林网化的牧地面积全国已有579.5万亩，占宜林网化牧地面积9.3%。从此计算，林业部认为全国宜林网化牧地才0.623亿亩。此数似太少了，可能只包括南方一部分草地。

因此就提出一个问题：北方草原完全不必要考虑林网化吗？林网化没有好处吗？这个问题似应引起您和草业系统工程同志的注意。

当否？请教。

此致

敬礼！

钱学森

1992年3月12日

要搞出一套草产业理论，建立"草业学"

李毓堂同志：

近见《求是》杂志1992年6期内蒙古主席布赫的文章《发展现代化畜牧业，建设社会主义新牧区》，很受鼓舞。我们这几年来说的"知识密集型草产业"已在内蒙古草原上隐约可见！您们的草业协会似可以此为总结经验的据点，搞出一套草产业理论，建立"草业学"。当否？请教。

又，附上致王明昶同志信的复制件，供参阅。

此致

敬礼！

钱学森

1992年3月23日

宏观协调涉及经济、法规、行政方面的工作，这些方面对知识密集型草产业是重要的

李毓堂同志：

前信谈到我读布赫同志文章后的体会，而这几天又看了《内蒙古社会科学》经济社会版的《经济·社会》1992年1期中张彤与李阔、刘明升、张立忠等写的三篇文章，又觉得我在前信中表达的不够全面。故再写此信。

我以前与您谈到的是知识密集型草产业中偏于（1）科学技术方面的问题；（2）一个草原小区的草产业"微观结构"。而上述三篇文章则是讲自治区领导以至国家领导要做的事：跨小区以至省区之间、行业之间的宏观协调，它涉及经济、法规、行政方面的工作。这些方面对知识密集型草产业也是重要的，缺了这些工作，也不行。当然，您在行政部门，可能早就察觉这一点，而我只是无知而矣；一笑！

此致

敬礼！

钱学森

1992年4月2日

关于草产业发展道路问题

李毓堂同志：

　　前见《经济参考报》今年内6月26日有大篇有关草业的报道，很高兴！

　　草产业的建设要巨大的投资，而要国家和地方出钱又很困难，出路何在？这是中国草产业的根本性问题。

　　几月来我读到关于天津大邱庄的报道，才悟出原来道路是有的，即大邱庄创立的走农、工、商综合开发，以第二产业、第三产业累积资本，有了钱再投入农产业。（见剪报复制件），我因此去信给大邱庄的禹作敏同志，讲了我的体会，现将此8月10日信复制附上，请参阅。

　　草产业要发展，也得走这条路，不等不靠，自力更生。现在要发现典型、抓典型。这得请您和草业协会办了。

　　此致

敬礼！

钱学森

1992年8月29日

要有合乎时代要求的国家草业政策，要发展草农工贸综合经营的草产业，才能走向第六次产业革命

李毓堂同志：

10月12日信及附件收到。这份文稿有以下几个问题，看来需要重新写。

（一）称我为"导弹之父"是不科学的。因为导弹卫星工作是"大科学"，是千百万人大力协同才搞得出来，只算科技负责人就有几百，哪有什么"之父"？要一定要找"之父"，那只有党和国家的决策领导人，周恩来和聂荣臻了。所以"导弹之父"是不科学的，不能用。因此我在文稿上改写了，供参考。

（二）文稿更大的问题是党的十四大刚刚开过，不在文中贯彻十四大精神是不对的。文稿4页第一段讲到建国一百周年，文字不妥了，要改正。

（三）文稿语调看来太低。近读《国内动态清样》1992年10月1日第2327期，记者说：我国有60亿亩草原和草地，可开发利用的就有45亿亩，而现在实际开发利用的仅2亿多亩！什么原因？您多次讲过，是国家投入太少，每年才二三千万元，还处于不能保证的状态。但我认为，这是个更高层次的问题：国家政策问题。我国农业的大发展不是靠党的十一届三中全会后的农村政策吗？没有十四大以后的、合乎时代要求的国家对草业的政策，光说投入不够，是解决不了问题的。

（四）我们自己也要"换脑筋"，认识要提高到十四大的水平。天

津大邱庄的成就很有启发性。草产业不搞草、农、工、贸综合经营是不能走向第六次产业革命的。这一点见附上我给禹作敏同志信的打印件，这里不多说了。

（五）因此以前建议的国务院设草业局是不够的了，国家要有国务院草业部。

（六）为了推动我国的知识密集型草产业，中国草业协会应向国务院领导上"万言书"，作为学习党的十四大精神的体会。

《中华英才》的事，等见到修改稿以后再说，现在不定。

以上请酌。

此致

敬礼！

钱学森

1992年10月19日

现送上短文，请审阅

方文均同志：

我们是多少年不见面了，也久未通信！您好！

近得我们1934级同学张煦教授信，告级友们决定要出一本毕业60周年纪念册，由学长您主编，要我在年底前把稿子寄给您。我复他信说，我将努力为之。现遵命送上短文，请审阅。

愿您健康安乐！

此致

敬礼！

钱学森

1992年11月16日

附:

母校要面向21世纪

我们这些在1934年毕业于上海交通大学的级友，今天大都已入耄耋之年，但人老志不衰，要表表心意，要出一本毕业60周年的纪念册。中国共产党第十四次代表大会已经决定，我们社会主义祖国要利用当今一个时期的有利环境，以几年上一个台阶的速度，建设并发展社会主义市场经济，到下个世纪中叶，使我国赶上世界中等发达国家水平。这一号召使全国人民心情振奋！所以我也在此讲讲我们母校要面向21世纪，设置一套新时代的专业课程，以培养国家在下个世纪所需要技术人才的问题！

哪个方面的专业呢？我们学校历来都是出实用的工程技术人才的。21世纪有什么新的工程技术？我认为现在全世界都注意到生物科学、生命科学的突飞猛进，都认为到下个世纪生物科学、生命科学将同工程技术结合起来，出现继当今的信息革命之后的又一次产业革命，即以生物生命技术为龙头的产业革命。我在1992年深秋写信给母校生物技术研究所的朱章玉教授说："近读《科技导报》1992年10期《生态工程的曙光》，才知道您创立的生物技术研究所和其先进事迹，深受鼓舞！我要向您和您领导的班子表示衷心的祝贺！"

"在十一届三中全会刚刚开过的时候，上海复旦大学谈家桢教授，也是我的老同学，就提醒我，利用微生物有广阔的前景。现在这方面的工作在您那里开创了，真是可靠！"

"我没有别的，只希望您能在下个世纪把利用微生物的工业办成像上海宝钢那样的大企业，生物技术也将成为上海交大的一个大系了。"

"再次表示祝贺！并致敬礼！"

这里说的大系，除利用微生物进行的化工生产专业外，还将有诸如植入人体的人造器官的设计制造专业，以培养出再造人体所需器件的设计制造人才。这方面可以举出：人工肾脏、人工肝脏、人工中耳、人工关节、人工心脏等。再有一个专业是培养设计制造老年人所需的辅助机械设备，如轮椅、登楼椅、机器人护士等的人才。到21世纪，这种结合生物科学、生命科学和工程技术的学科专业还会有其他门类。

这种专业的发展是很快的，大系中必须同时有相应的研究所，就如现在关于利用微生物进行化工生产的专业，母校就设置了"生物技术研究所"。

以上建议是否有当？请级友们考虑，请母校领导考虑，请师长教授们考虑。总之，母校要面向21世纪！

第六次产业革命也要作为一个大项目
组织全国力量进行研究

王寿云同志：

　　党的十四大确定的社会主义市场经济实是在我国开展实现第四次产业革命。所以也是我们终于从源于第三次产业革命的老政治经济学的方针政策中解放出来，几十年的曲折道路！这说明现在必须抓紧研究已经压到我们前面的第五次产业革命（包括全部灵境技术）。这要由国家来组织，要包括中国科学院、中国社会科学院、中国科协、国务院发展中心等。

　　我说的第六次产业革命也要作为一个大项目组织全国力量进行研究。估计到建党100周年就将在我国全面铺开。

　　现在已露苗头的是由纤技术（nanotechnology）引起的第七次产业革命，这也要有人研究，估计到建国100周年时，将在我国开花。这课题现在能由国防科工委科技委来抓吗？

　　以上请考虑。

　　此致

敬礼！

钱学森

1992年11月18日

发展我国社会主义新的大农业，
为第六次产业革命做准备

田纪云副总理：

这次是我第三次写信向您报告我对发展我国社会主义的新的大农业的想法。我感到问题重要，所以要向您报告。

（一）我们面临着一场新的产业革命、21世纪初的产业革命。产业革命是生产技术引起的生产力大发展，从而引起一场经济结构的大变化，最后导致社会结构的飞跃。所以第一次产业革命发生于大约1万年以前，人从采集、打猎为生变为靠种地、放牧为生；原始公社的社会制度变为奴隶社会制度。第二次产业革命发生于中国大约3000年前，即奴隶社会后期，商品交换出现了。第三次产业革命也就是发生于18世纪末19世纪初的西欧，所谓工业革命。第四次产业革命发生于19世纪末20世纪初，帝国主义开发了世界市场，生产体系也大为改观，出现世界规模的市场经济。列宁早逝，斯大林思想僵化，苏联未能及时进入社会主义市场经济，吃了大亏；也影响我国，损失了40年时间！

第五次产业革命是世界正在进入发展的又一次产业革命——信息革命，是由电子技术引起的。这在我国已引起重视。随着社会主义经济体制的改革，发展我国社会主义市场经济，我国企业进入世界市场竞争，第五次产业革命必将在今后开展起来。

我认为社会主义中国是中国共产党领导的，我们是以历史唯物主义武装起来的，我们要在总结历史经验的基础上，有远见之明，看到21世纪，看到建党100周年！所以我们要注意现代生物科学技术的巨大发展，看到由此引起的又一次产业革命——第六次产业革命。我们要为在社会主义中国搞第六次产业革命做准备。

（二）我前两次写信报告的内容——海产业和林产业，都实际是为第六次产业革命做准备；我们的林产业、草产业、海产业和沙产业要赶上农业，即农产业。农是走在前面的，现在国家已有一整套方针政策和实际制度，可以在本世纪末使农村达到小康水平。林、草、海、沙要加快发展。

（三）另一项为第六次产业革命做准备的工作是抓现在我国农村的三个先进典型：天津市大邱庄、江苏江阴华西村和河南的刘庄。他们都早已超过小康水平；他们都有强大的乡镇企业，年创巨额累积。因此他们是具备条件迈步走向第六次产业革命的。

（四）但从近日来有关大邱庄和华西村的报道看，他们虽有走向第六次产业革命的可能与愿望，但具体开步走，有困难，缺少国家的指导与帮助，缺少强大的科学技术力量实施技术开发。为此，我也曾去信中国科学院副院长李振声同志，征求他对在大邱庄开展第六次产业革命的意见，他回信也是肯定的。所以看来就缺国家的指导与帮助了，没有领导的组织是不行的；而这必须是高层次的领导，因为这项工作超出全国性统一安排下达的任务。

（五）最后，此信的目的就是请您来安排在大邱庄、华西村、刘庄开展第六次产业革命的试点。

以上不当之处，请批评。

此致

敬礼！

钱学森

1992年11月25日

产业革命的用词应科学严谨

于景元同志：

1月16日信读了，我同意您的看法。

其实信息革命一词只是第五次产业革命的别称，不能表达引起第五次产业革命的科学技术基础——各项技术革命。这各项技术革命有您在信中提到的电子技术革命、计算机技术革命、网络和通讯技术革命等，而这最后一项又包括光纤通信技术革命、卫星技术革命等。此外还有民航技术革命。当然很重要的是系统工程技术革命和系统学科学革命。总之，一定要区别科学革命、技术革命与产业革命；产业革命是经济的社会形态之飞跃。

用词要严格。产业革命有别称，如：第一次产业革命——农业革命；第二次产业革命——"商业革命"；第三次产业革命——工业革命；第四次产业革命——"集团企业革命"；第五次产业革命——信息革命。

这样用词行不行？请酌。

您代表我们小组出席了国家计委的纪念会并发了言，很好。

此致

敬礼！

钱学森

1993年1月26日

草产业应与畜产品深加工企业联营，才能获取较高的经济效益

李毓堂同志：

春节来示及附件都收到。我非常感谢您对我的节日祝贺！我也祝您在新的一年里，工作顺利，成绩伟大！

（一）您三位写的为《中华英才》用的稿子，我只动了几个字，妥否？请酌。实是大家的功劳，突出我是使我不敢当！稿退上。

（二）您的文集目录看了，真是草业的洋洋大观！好得很。但您要我写序我为难：我是从来不为他人的书写序的；这次写了将得罪百千曾让我写序而受拒之人。还是得罪您一个人吧，请恕！《目录》奉还。

（三）海南省白沙县的成绩的确引人注目，我只提一点：能否与畜产品深加工企业联营，将肉食制成塑料袋装直接上市，畜脏可提药者直接制药，下脚入饲料。这样才是草产业，经济效益一定很高。白沙县的地理条件比较优越，这应能做到，也就成为全国的草产业示范了。请考虑。

此致

敬礼！

钱学森

1993年2月3日

禹城县应大力发展农、工、贸一体化经营，为第六次产业革命做好准备

山东省禹城县人民政府：

中国科学院李振声副院长把您2月6日写给他的《关于农区发展畜牧业的情况报告》转给我了，我读后深受启示。下面就讲讲我的几点体会，供参考。

（一）禹城县在李院长的指导帮助下，走"农牧结合"的路子，的确取得很大的成绩，可喜可贺！问题是再下一步怎么走。

（二）我认为下一步要考虑在"农牧结合"的基础上再跨一步，走向大农业，加上林、渔、药，即造林网，发展池塘养鱼，种药材。这样再将基础筑得更厚实。

（三）然后利用生物技术，把废弃物加以充分利用，生产燃料沼气、饲料蛋白等。

（四）再搞农、工、贸三结合，开设药厂，充分利用农（药）牧产品；也可开设制革厂；畜牧产品加工成袋装上市的成品，日本就利用畜骨磨成"豆腐"，营养良品；我们也可以试试。

这样搞禹城县就为下一个产业革命做准备了，迎接第六次产业革命！关于第六次产业革命，《光明日报》2月19日登了我的两封信，现附上复制件供参阅。

我现在年老体弱，去禹城县参观学习，那是办不到的了，只能写这

样的信，提点看法，希望对您有用。

  此致
敬礼！

              钱学森

            1993年2月24日

第一篇　钱学森论草产业

把定性到定量综合集成法引入"八五"重点项目

瞿宁淑同志：

我近读以吴传钧教授为顾问的"环渤海地区整体开发与综合治理"研究成果出版编辑委员会审定的《中国环渤海地区产业发展与布局》一书，系科学出版社1992年版。我有一个想法向您报告。

此书说明现有的一套方法对完成此"八五"重点研究项目是困难的，缺综合集成的技术。因此能不能考虑在今后几年，把从定性到定量综合集成法引入这项工作？使新方法通过实践得到理解并完善？

当否？请教。

此致

敬礼！

钱学森

1993年8月16日

要用系统工程来组织经营知识密集型草产业

王明昶同志：

10月11日来信及所附您与Redman会谈纪要都收到。

您要我为《草业系统工程理论与应用研究》一书题词，这我不敢当！我也从来不会干这类事，一概婉谢。所以这次也不例外了，请谅！

对用系统工程的草产业，实是以草原为基地的草、牧、畜产加工、饲料工业、畜产制药，以至皮革制品、商贸的综合性产业体系，所以要用系统工程来组织经营。因此也是知识密集型产业。一旦真正做到，按人口平均，人均年收入到5000元是可能的。我希望在您的组织指导下，内蒙古自治区能出现这样的草产业示范场点，如同农产业的江阴华西村！

此意不知是否妥当，请指教！

此致

敬礼！

钱学森

1993年10月16日

看了《草地亮出"黄牌"》报道后的信

李毓堂同志：

好久未通信，您好？

近见《经济参考报》1993年12月15日2版有条消息说《草地亮出"黄牌"》，使我吃惊！今奉上复制件请阅。中国草业协会该解决这个问题，是吗？

我也借此机会，时届岁末，谨向您恭贺，新年如意！并致敬礼！

钱学森

1993年12月19日

农业生产是系统工程

杨守仁教授：

您12月5日来信及尊作《水稻最高产育种中的"三好理论"的验证及评价》都收到，我十分感谢！不久前我还有机会在《植物生理学通讯》1993年5期上读到您的《植物生理学在水稻生产上的应用》。您的文章使我认识到农业生产要做到高产、优质、高效，就必须从老一套思维中解脱出来，即"解放思想，实事求是"，认识到农业生产是多因素组合的系统工程；而不是研究工作中的单因素试验。您的成功即在于此，是"三好"，不是"一好"！

《人民日报》1993年11月15日第3版报道了山西省临猗县积善村复员军人曹吉生开创的"懒棉花"种棉技术也是如此，他综合了农科研专家们的单项研究成果，创立了高产、优质、高效"植棉工程"整套技术。所以很成功，已在棉区推广。

农业生产是系统工程，不是单项研究能完全解答的。此意当否？请教。

此致

敬礼！并恭贺新年！

钱学森

1993年12月9日

创造生产力是第三次社会革命

王寿云同志，于景元同志，戴汝为同志，汪成为同志，钱学敏同志，涂元季同志：

现在已是1994年了。让我们七个共同祝愿：在这新的一年里我们能干得比去年更好！

您六位写的《关于第五次产业革命的思考（第二稿）》我读了，也在稿子上写了点意见，供您们考虑。稿子已送王寿云同志。这篇文章本来该在去年就发表，现在能不能请您六位努力，在1994年春节前定稿，并争取于3月要召开的"两会"前发表？能办到吗？

我现在想的是我们今年的大文章。这个想法的背景是：

（一）您六位在研究第五次产业革命。我在几年前也提出过第六次产业革命即将到来，而今天已有许多苗头，如华西村镇。第六次产业革命是以太阳光为能源，利用生物（包括植物、动物及菌物）和水与大气，通过农、林、草、畜、禽、菌、药、渔、工、贸的知识密集型产业的革命。其社会后果是消灭工业与农业的差别、消灭城乡差别，农村、山村、渔村等都改造为小城镇了。

（二）自从去年初，我还考虑，由于人体科学概念的建立，把人体作为一个对环境开放的复杂巨系统，那我们就可以用系统学的理论，把中医、西医、民族医学、中西医结合、民间偏方、电子治疗仪器等几千年人民治病防病的实践经验总结出一套科学的、全面的医学——治病的第一医学、防病的第二医学、补残缺的第三医学和提高功能的第四医学。这样就可以大大提高人民体质，真正科学而系统地搞人民体质建设了。（一些观点见附上我去年12月10日的一个谈话记录稿）人改造了，这将随着人体功能的提高而带来又一次产业革命——第七次产业革命。

（三）所以是三次产业革命相继到来，都在21世纪！第五次产业革命最终将消灭体力劳动与脑力劳动的差别。结合（一）所述，那么这三次产业革命在21世纪将消灭人类历史上形成的三大差别。这不是在叩共产主义的大门了吗？所以在社会主义中国的21世纪，第五次产业革命、第六次产业革命和第七次产业革命结合起来，将引发一次社会革命，新的一次社会革命。

（四）我在去年12月学习了好几篇讲学习《邓小平文选》第三卷和纪念毛泽东主席诞辰100周年的文章，体会到：我们第一代领导人，以毛泽东为核心，开创并完成了在现代中国的第一次社会革命。这是在贫穷落后的中国，推翻三座大山，建立了社会主义新中国。我们第二代领导，以邓小平为核心，开创了在现代中国的第二次社会革命，并将在第三代领导人，以江泽民为核心，继续下去。可能在建党100周年的时候，这现代中国的第二次社会革命、改革开放、建立社会主义市场经济的社会革命将会完成了。再下去呢？可不要再重复在现代中国第一次社会革命后期思想僵化、脱离实际的错误！实际情况是第五次产业革命、第六次产业革命和第七次产业革命相继到来，我们要解放思想、实事求是，认识到这是现代中国的第三次社会革命！

（五）现代中国的第一次社会革命是解放生产力的社会革命。

现代中国的第二次社会革命是发展生产力的社会革命。

现代中国的第三次社会革命是创造生产力的社会革命。

（六）我们的任务就是为现代中国的第三次社会革命做些思考，开始研究其理论。这是为了30年后，头脑清醒认识前进的道路。

（七）现在让我们看看现代中国的第三次社会革命将会带来什么变

化。我们要注意三大差别消灭了。

（八）如果劳动力，体力劳动脑力劳动合一，从18岁到65岁或70岁为一线劳动力，设那时社会主义中国有一线劳动力8亿。分配如下：

工作门类	一线劳动力百分比（%）	所占人数（万人）
直接生产（一产业、二产业）	20	16000
服务（三产业、四产业、五产业）	40	32000
政府、解放军及事业（包括教育）	4	3200
科学技术	15	12000
文学艺术	15	12000
司法	6	4800

上面解放军定员约100万，这是21世纪国际竞争与斗争所必需。事业包括教育及群众组织、宗教等。政府要大大比现在缩减：国家级主要是宏观调控，加国际竞争与斗争的战略、战术。行政主要放到地方去办。司法非常重要，这是世界社会中有大约1000个民族和200个国家的实际所决定的。教育当然用电化教育，卫星转播。

（九）现代中国的第三次社会革命是第五次产业革命、第六次产业革命和第七次产业革命引发的。从（八）来看，则这次社会革命也包括了一次政治体制的革命，其中心内容是弱化政府的直接管制，强化人民自己各种组织的作用。这在一产业、二产业、三产业、四产业和五产业中则是由集团公司自己管理；在事业活动中则由事业组织自己管理。这是向共产主义社会迈出了一大步。

但由于世界社会中斗争的存在，有时还十分严厉，所以国家的作用还十分重要。国防力量的建设决不能放松。另外司法部门还必须大力加强，占一线力量的6%。

（十）现代中国的第三次社会革命也包括一次文化革命。科学技术和文学艺术队伍大大加强，这是史无前例的！科学技术的进步和文学艺术的繁荣也将是史无前例的。每一个人既是体力劳动者又是脑力劳动者，既是科技人员又是文艺人。因此生产力的创新也将是史无前例的，所以说现代中国的第三次社会革命是创造生产力的革命。

以上这10条只是我非常粗略的想法，提出来请您六位考虑、分析、批评。如果我们到1994年年终能有个更好的提纲，那就是成绩了。

就写到此为止吧！

并致

敬礼！

钱学森

1994年1月2日

关于如何宣传草产业问题

李毓堂同志：

您在毛泽东主席诞辰100周年时的来信收读。

我看确如您讲的，当前中国草业协会的一个主要任务是为草业、进而为草产业，多做宣传。对怎么宣传，我提以下三点意见供您们考虑：

（一）在全国找草业的典型，不拘大小都可以是典型。什么叫典型？自然是走在前头，有示范意义的。在农业或农产业就有江苏江阴华西村镇，河北唐山市半壁店村等。

（二）要借鉴。如附上复制件讲周口地区利用农作物秸秆氨化后养牛，又发展牛的制品工业，从皮鞋、皮衣、皮件到人工牛黄、牛血清等。牛粪还可以发酵产沼气，粪渣还田作高效肥。草业或草产业不可以由此借鉴？草地施肥，高产草料，草用机械收割，氨化后养牛，牛产品加工，牛粪产沼气，粪渣还地。这样牧民也可以"奔小康"了，户收入一年上万元至数万元。

（三）必要的科学技术是已有了的，任继周同志那里成果千万项。

我这些话有道理吗？请指教。

此致

敬礼！

钱学森

1994年1月4日

《生物学通报》要解放思想、实事求是，适应时代发展需要

《生物学通报》编辑部：

　　在过去的一年里我一直收到您们赠送的《生物学通报》，使我读到后受益，我要向您们表示感谢！

　　但我也有些感想，在此向您们报告：

　　（一）刊物的目的是为了我国中学的老师们。但我读后总的感觉是，刊物对生物学的看法似乎与我在20年代师大附中受的生物学教育没有什么区别：生物学是人类认识客观世界知识的一个重要领域，强调知识，而不强调这知识在国民经济中的作用。在旧中国，那是自然的，因为农民种地哪里会使用生物学！但在90年代的社会主义中国，这一观点是脱离实际的。

　　（二）今天的报刊上不是不断强调靠科学技术种地吗？农业要高产、优质、高效，不靠科学技术是不行的。更何况今天我们更面临影响全社会的生物科学技术革命！所以《生物学通报》要向中学老师们宣传这一思想，要中学生们知道生物科学是中国社会主义建设的有力武器，从而鼓励学生投入这项事业中去。

　　（三）今天的生物学已不是传统的划分了；除了植物学和动物学之外还有非常重要的菌物学。菌物学不该在基础知识占一席地位吗？许许多多生物工程都是靠菌物的。

　　我们《生物学通报》是不是也要解放思想、实事求是，赶上时代？

以上不知是否有当？请指教。

此致

敬礼！

钱学森

1994年1月9日

"生物技术"新专业要培育新人才

周嘉槐教授：

您元月12日信及《植物生理学通讯》1993年6期二册都收到；去年12月29日信也早已收到。我非常感谢您对植物嫁接改造学的关心。

您校要开设"生物技术"新专业，真是大好消息！现在报刊上生物技术时代的呼声很高，但开拓此新领域，首先要培育人才。您那里开步走了，我国其他高校一定会跟上来。所以我要向您和贵校表示祝贺！

此致
敬礼！

钱学森
1994年1月18日

中国农业历史正在跨入一个前所未有的伟大新时代

周肇基教授：

10月18日您来寓畅叙，我得益甚丰！我们都互相有了进一步的相识。

正如昨日说的，中国农业历史正在跨入一个前所未有的伟大新时代：从个体、一家一户务农变为公司型集体农产业组织，从自然农业变为用高技术的农业生产，从只生产粮、棉、肉到农、畜、药、工、贸结合的现代化企业。所以可以说，农产业不是第一产业的农业，而是第二产业的生产企业了。第一产业将从历史上消失！这么大的变化也就要求我们"换脑筋"，不能像过去时代那样，研究工作找支持是跑政府部门。现在像农业研究这样的应用科学技术研究，主要支持来自农产业企业，要找他们。

对农产业企业家也许我们还很生疏，那只好学习。奉上的剪报复制件可以参阅。

总之，我们要学习邓小平同志建设有中国特色的社会主义理论，解放思想，跟上社会主义商品经济的步伐，进入伟大的新时代！韦璧瑜同志在开发新的保健品就是这个精神！我祝她成功！

以上所论，不知当否？请指教。

　　此致

敬礼！

钱学森

1994年1月19日

新兴起的生物科技是利用菌物进行生产

朱章玉教授：

您2月20日来信收到。我十分感谢您对我的关怀！我也要祝贺您任董事长的上海天王生物制品有限公司前途无量！

您如见到我的老学长范绪箕教授，也请代我向他问安！

我们中国有12亿人口，如其中每10个人有1人每年花100元购买上海天王公司的产品，那您这个公司销售额即为120亿元！是又一个宝钢了。

但我要说的是：请您这位年过半百的有大业绩的教授把目光放得更大些，看到21世纪的中国、21世纪的生物科学技术。不是说21世纪是生物科技的世纪吗？其实生物包括植物、动物和菌物；植物和动物的科学技术用到生产就是农业、林业、牧业、禽业、渔业、药业等，这都是古老的生产事业了。新兴起的是如天王生物制品公司那样，利用菌物进行生产，21世纪的新兴生产是这部分，人们谈论的生物科技也是这部分。但就是这部分生物科技也是了不起的，远比您考虑的未来上海天王公司要伟大得多。例如：

（一）工农业生产过程中有大量的三废（废气、废液、废渣），生活中有大量的垃圾和粪便，这都可以通过菌物改造利用。

（二）我国湖泊总面积的55％为含盐1‰以上的盐水湖，盐水湖中菌物可以利用阳光进行生产，有人称之为"盐湖农业"（见《中国科学报》1994年2月16日2版郑绵平、高炳奇文）。开发这二类生产，在中国的年产值总会达几千亿元，比前面说120亿大几十倍！

您今后的目光要放到这上面！几千亿元年产值！

这样考虑，在上海交通大学只设生物科学与技术系就不够了，应该设生物科学与技术学院！老交大的理工面貌要换新颜了，理、工、生的上海交通大学！

我现在此祝愿您在退休前实现这一目标！

以上请酌。

此致

敬礼！

钱学森

1994年2月27日

设计出社会主义中国的农业组织体制

李振声院士:

我因行动不便,没有参加全国政协八届二次会议,但会议文件我还是仔细阅读的。也读到您在大会上的发言稿,讲农业科技推广队伍面临解体,亟待解决。这就使我想起前几年我在中国科协,当时有不少同志提出要大力推广农业技术协会和农业专业协会,把这方面的队伍都组织进来。他们还说农肥和种子也可以通过"农协会"提供送到承包户手里。当时国家科委是支持的,但农业部管农技推广队伍的同志有保留,国家物资、商业部门的同志也难同意。中国科协当然解决不了这里各方的矛盾,事情只好放下。

从这件事,我已知道我国推广农业技术中的难处,所以我在去年5月16日又写信给您,提议请中国科学院石家庄农业现代化研究所做科学研究单位和农民的中介,完成推广任务。您未回信,大概您认为我这只是空想而已。

但今天情况已经变化了,在党的十四届三中全会《决定》推动下,全国农村也已有不少改革的苗头,见附上剪报复制件3个。所以我想我们应该研究如何总结这些人民群众的创造,设计出社会主义中国的农业组织体制。这一新农业生产和流通体制可否是:

(1)股份合作公司;

(2)土地入股;

（3）劳力入股；

（4）资金入股；

（5）技术参股？

由公司根据市场信息设计生产，提供种子、肥料，由入股农民种地，由公司提供技术及实施机械化耕、收。收成由公司包售。

这是说从整体设计上解决农业科技推广队伍的问题，也把双层经营体制一体化了。这将是我国农业体制的根本性改革，我们将一大步赶上并超过西方发达国家。您看能办吗？我还是在想第六次产业革命呵。

我大胆地向您提出这一问题，请指教。

此致
敬礼！

钱学森

1994年3月18日

探索培养第六次产业革命所需人才

余毅校长：

您3月25日信及附件都收到。您们办一所中专学校为即将到来的第六次产业革命培养人才，真是件大好事！

我想您应该注意以下几个问题：

（一）第六次产业革命是利用阳光为能源，通过生物（包括植物、菌物和动物）制造初级产品，然后再进行加工，将产品投入市场——国内市场、国际市场；所以是创立一种农业型的知识密集型农、林、草、海、沙与工、贸一体化的产业。它将消灭工、农差别与城乡差别。农村将消灭，变成小城镇了。

（二）实现第六次产业革命是个探索，可能要三四十年。所以培养为第六次产业革命的人才，也自然是个探索过程，从现在已经出现的苗头做起，分阶段改造学校，逐步前进。现在是中专，将来肯定是高等院校。

（三）但现在办这所中专级的武汉生物工程学校也必须瞄准最先进的社会主义市场化农业，即今日已在各地出现的所谓"龙形"企业集团：是以市场信息为龙头的，股份合作企业，由公司根据市场信息设计农、林、牧、副、渔等的年度生产计划，然后与农民达成生产协议，由公司提供种子、种鱼、种兽，提供科学技术，提供产前、产中机械化服务，最后收购农民收获，同时扣除提供的服务费用。公司再将收购产品在工厂加工为成品上市。加工过程中的附属物又可返回农田，充分利用。

（四）武汉市附近想已有这样的龙头企业，您的天兴实业公司不就是吗？武汉生物工程学校的课程设置及教学计划就可以以培养企业所需人才为目标。在科学技术课目外，想还需设经济及经营课目。

以上四个问题请考虑。

此致

敬礼！

钱学森

1994年4月5日

对"盐湖农业"的几点认识

郑绵平同志：

您寄来的两次文章、材料和尊著《青藏高原盐湖》共40件是我今后长期学习的资料，对此我十分感谢！

以下是我对"盐湖农业"的现在认识到的几件事，谨向您报告。

（一）"盐湖农业"不同于一般意义上的农业，是利用盐湖生态环境及日光，通过生物，生产商品，是农、工、贸与现代科技相结合的知识密集型产业。

（二）因此开发"盐湖农业"需要科学技术，也需要交通。在青藏高原地区只格尔木才具备此条件。

（三）所以"盐湖农业"决不是100万年前人类生存的情况，也不是大约1万年以前的原始"刀耕火种"农业。"盐湖农业"是21世纪的产业。

（四）现在开发"盐湖农业"要做的第一件事是：根据所掌握的全部知识，通过设计计算，制定我国第一个"盐湖农业"厂的方案。

（五）首先要明确的是产品。是胡萝卜素？是卤虫饲料？是甲壳素材料？有了产品目标才能区分生存中哪些是要促进的，要"施肥"，而哪些是不利于生产的，是"害虫"。然后还要设计加工工厂。再还要考虑原料和产品的运输条件。

（六）有了"盐湖农业"的这样一个设计方案，就可以估测这一

"盐湖农业"产业的投资和收益。也就有了招引第一个"盐湖农厂"投资者的可能了。

（七）以上设计"盐湖农业"工厂的工作您所在的中心不是都可以做吗？您那里是盐湖资源发展中心嘛。经费多或少都能做这件事：经费多，做得快一点；经费少，做得慢一点；总可以办的，因您那里具备必要的知识与数据。

以上请酌。不当之处，请指教。

此致
敬礼！

附剪报复印件，供参阅。

钱学森

1994年4月24日

什么叫高新技术产业

王寿云同志：

您现在是《高新技术企业导报》的顾问了，但有个办刊首要问题：什么叫高新技术产业？据国家统计局、国家科委、国防科工委、中国科学院联合发出的《关于联合建立中国高技术企业发展评价中心的通知》，"高技术产业是70年代初国际社会出现新技术革命以来所形成的新兴产业。"按此定义则以下几个产业就不属高技术产业了：

（一）农业。但农业中的日光厂房高密度蔬果集约生产，厂房中控制水肥，甚至连空气中也注入二氧化碳，这算不算高新技术产业？

（二）农业也会有新部门。如中国地质科学院盐湖与热水资源研究发展中心的郑绵平、高炳奇就提出"盐湖农业"：利用盐湖中的生态环境和日光，通过生物，经工厂加工生产商品，胡萝卜素、养蟹饲料、甲壳素等，这就不是高新技术产业吗？

（三）古老的钢铁工业。但钢铁冶炼生产也在开发新工艺，如矿石加煤炭制球，加入熔融还原炉中制铁水，再用顶吹电转炉制钢，一次连铸成形。这样成本可以比老办法降低25%~30%。这样的钢铁工业难道不是高新技术产业？

什么叫高新技术企业的问题必须明确，不然怎么办《高新技术企业导报》？而且答案必须用实事求是的科学态度。

以上供参考。

此致

敬礼!

文件退还。

钱学森

1994年4月26日

地理建设的方法在于发展交通

瞿宁淑同志：

您5月8日来信收悉。

广西壮族自治区的石山地区，大概叫弄吧，其贫困原因是人与自然有矛盾、不协调。今年3月25日《中国科学报》刊登了涂光炽等15名院士给江泽民总书记、李鹏总理的信，建议各级政府、社会舆论都要将调整人和自然关系问题切实摆到日程。这是完全正确的。但这也需要科学理论，而科学理论就是地理科学。弄地的问题在于破坏了生态，但恢复生态又没有吃的！地理建设的方法就在于发展交通，当地生产林、药、果、禽，运出去换粮食进来，再加小企业加工产品出售。这就一定能使弄地人民富起来。地理建设嘛！

您编的书如能于6月中旬出来将是件大好事，感谢您的辛勤劳动！

我向传钧教授问安！

此致

敬礼！

钱学森

1994年5月12日

大成智慧和大成智慧教育是人机结合的劳动体系

王寿云同志、于景元同志、戴汝为同志、汪成为同志、钱学敏同志、涂元季同志：

这里我谈两个问题。

一个问题是你们几位都去参加的现代科学技术体系研讨会里讨论的，将是长期有争议的，因为人们思想没有一个中心。什么中心？中心是大成智慧和大成智慧教育，也就第五次产业革命所暴发的人机结合的劳动体系。因为没有人机结合的思想、人机结合的劳动体系所需的人的智慧之认识，就不会懂得现代科学技术体系的目的。无的放矢是乱发议论的。请看我这样说对不对？

又一个问题是人吃什么、怎么搞吃的革命，这也是现代中国第三次社会革命的内容。对这个问题，我要多说几句：

（一）我们现在的农业和人们的饮食可以说是几千年一贯的模式，科学技术只是在生产过程中加以不断的改进，提高生产效力，做到"两高、一优"。但没有从根本上用科学技术加以改造。

（二）我在前几年宣传的第六次产业革命也只是这个老思想的引申，提出农、林、草、海、沙五个知识密集型农产业，搞农、工、贸结合，把乡村变成小城镇，消除农工差别、城乡差别。但还是几千年一贯的人们的饮食模式。

（三）我们现在应该看到人体科学在21世纪将会有长足进步，会搞清楚人在不同年龄、不同性别、不同生活条件下的营养需要（如附上赵霖、鲍善芬、裘凌沧的文章）。另外对利用阳光、水和空气来生产营养成分的生物也有了充分认识（如附上剪报罗明典文）。这样对食物原料的生产就扩大了视野，不是传统的那一套了。特别对菌物（生物界中除植物、动物之外的第三大类）的开发利用。第六次产业革命还会更进一步深入发展。

（四）然后用这些饮食原料，运用营养学，设计出各种人所需要的花式多样的饮料及食品。

（五）开发食品原料工业。

（六）饮料及食品的生产都用工业生产方式；最后一道工序在快餐业（见附上讲何玉铭的剪报）。

（七）千百年来的家庭厨房操作基本消灭了，人们进一步解放了。

（八）整个体系中还有许多副产品，如沼气。

以上八条不是第六次产业革命在现代中国第三次社会革命中的进一步发展吗？请酌。

此致

敬礼！

又：送上 Scientific American 今年5月期的一篇文章，是有关第五次产业革命的。

钱学森

1994年5月20日

创建独立自主经营的农业技术企业，
是解决科研经费不足的有效方法

刘昌明所长：

您5月8日来信及所附文件、《生态农业研究》共5期，都收到，我十分感谢！

我理解生态农业实是运用现代科学技术知识，创立一个人与环境协调发展的大农业。为此目的，您所是可以大有所为的。

但这是一项应用科学技术的工作，不但要有成果，而且要推广成果，产生经济效益。用我的话说，您所应该成为科学技术创新，同时搞推广的技术咨询服务，即我说的第四产业。

中国科学院已有这方面的具体体制，即"一院两种制度"。据此，您所是带头的现代农业技术创新研究单位，同时成立若干个独立自主经营的农业技术企业。每个农业技术企业与研究所定合同，每年包交一定数量的钱作为引用研究所成果的代价。

例如，组培育苗工厂就可以成为"组培育苗公司"；太行山山地生态实验站改组成"太行山山地生态股份公司"，农民入股，研究所以技术入股等。涂层尿素如已有生产经营企业，那研究所也应索取技术咨询费。

这样您研究所就搞活了，研究经费有了除中国科学院拨款之外的又一大财源。

以上请酌。

此致

敬礼!

钱学森

1994年5月29日

第六次产业革命将传统的第一产业改造成现代第二产业

于景元同志：

6月28日函收读。

"香山会议"是成功的。看来我们的思想是领先的，世界领先。这不是自傲，而是说我们要继续努力，干下去，题目是对的，前途远大！高为炳院士未见此朝霞而辞世，悲夫！

马老传来的信息，前几天涂元季已告我。国家总体设计部难呵！

我这几天在家读全国政协常委七次会议的文件，已读陈俊生同志的报告，讲农业。我读了这些讲农业的文件后，有个想法：

在现代中国第三次社会革命中的第六次产业革命，其核心思想是通过创建知识密集型大农业产业，包括农产业、林产业、草产业、海产业、沙产业。而这核心是将传统的第一产业改造成类似现代第二产业的新型产业。它将是集信息、金融、管理、科技、生产、加工、运输、商贸于一体的集团公司。附上剪报复制件可见其端倪。我这样说对吗？请教。

此致

敬礼！

钱学森

1994年6月30日

饮食科学化了，将有助于健康卫生

杨家栋主编：

最近我收到贵刊《中国烹饪研究》1994年2期，读了黄文波同志、胡健同志、单明道同志、肖日明同志等写的4篇关于中国快餐业发展问题的文章，很受启示。以前我也对中国快餐业思考过，并与陶文台同志通信讨论过。现在看，我们对快餐业要有一个全面的、社会历史的观点，站得更高一些，看得更远一些，用唯物史观来提高我们的认识。

由此思路，我认为：什么是快餐业？快餐业就是烹饪业的工业化，Industrialization of cuisine，把古老的烹饪操作用现代科学技术和经营管理技术变为像工业生产那样，组织起来，形成烹饪产业，cuisine industry。这是一场人类历史上的革命！犹如出现于18世纪末西欧的工业革命用机器和机械动力取代了手工人力操作。这是快餐业的历史涵义。快餐业发展了，几千年来家庭厨房操作将要退出历史了。

从这一思路考虑下去，似还有以下几点可以进一步研究。

（一）烹饪的艺术：火候、锅气、手艺能不能进入工业化操作？能不能标准化？这里我想就如用机床加工部件，工人师傅的智慧与技巧是被吸收到机器操作中去了一样，艺术是人创造的，但可以让机械化生产吸取，外国快餐店的操作手虽是20来岁的青年，但他们的操作规范却是烹饪大师制定的。进一步发展还会引入机器人代替这些青年快餐烹饪工。

（二）烹饪产业的兴起并不会取消今天的餐馆业，这就像现代工业生产并没有取消传统工艺品生产。今日的餐馆、餐厅和酒家饭店，今日的烹饪大师将会继续存在下去，并会进一步发展提高，成为人类社会的一种艺术活动。饮食烹饪美学还要研究下去。

（三）烹饪产业既然是产业，那就该向现代企业的组织管理学习，逐渐组织成为从原料的生产和初步加工、贸供销渠道、营养科学研究、快餐连锁式经营、快餐的家庭供应以及相辅的金融业务，合成为配套运转的集团式企业。这就是中国的21世纪饮食产业。

烹饪的工业化将引发一场人类历史上的又一次产业革命——吃的产业革命，这是我前些日子提出的即将到来的农、林、牧、副、渔的革命，第六次产业革命的深化。

（四）饮食科学化了，将有助于健康卫生。21世纪的中国人人均寿命将超过百岁。

（五）营养科学也将大大开拓饮食原料的来源，除了发展粮、肉、蛋、禽、鱼、菜之外，还会出现新的食品原料，如人工培养的菌类生物、盐湖产品等。

综上所述，研究快餐业将会引发一件大事，一场人类历史上新的革命！当否？请指教。

此致

敬礼！

钱学森

1994年7月8日

制订现代中国第三次社会革命的理论

于景元同志：

关于国家级总体设计部事，已由涂元季同志面告，请释念！

近日来我想到关于现代中国第三次社会革命的又一个问题，即国民生产总值年增长率问题。一旦我国进入中等发达水平，年增长率就会如今日发达国家那样，最好最高不超过3%~5%吗？为什么不能保持在现在（第二次社会革命时期）的12%~13%？

从现在的美国与日本看，当然都各有问题。美国是长期花在军费上的钱过多，而且教育跟不上。日本则是农业生产因政治原因十分落后，还是小农经济，每农业劳动力才1.15公顷（美国是137公顷）；科技发展则困于学术不民主。

他们的缺点和不足我们要搞清楚，以便制订我们的现代中国第三次社会革命的理论。您看怎样？

此致

敬礼！

钱学森

1994年7月14日

这是"第六次产业革命"

黎大爵同志：

您7月4日信及《关于建立甜高粱综合利用生态农业发展模式的建议》都收到，我十分感谢！

您18年来将业余时间研究甜高粱的种植及综合利用，的确取得丰硕成果，可喜可庆！我祝您申请资助成功！

今后我们若将农业生产扩大到包括饲养业、菌物业、化工业等，并与商贸结合，那将是大有天地的。这是"第六次产业革命"。

您植物园我从前多次去过，但我现已年老行动不便，不能游山矣！

此致

敬礼！

钱学森

1994年7月17日

中国的第三次社会革命可从社会主义建设的角度考察

王寿云同志，于景元同志，戴汝为同志，汪成为同志，钱学敏同志，涂元季同志：

我想现代中国的第三次社会革命可以从（1）中国社会主义建设的角度考察，也可以像我们前一阵子从（2）第五次产业革命、第六次产业革命和第七次产业革命的角度来考察。要说清问题则应把不同角度的考察结合起来，这就是附上的现代中国第三次社会革命矩阵图。经济建设是龙头。

从此看，于景元同志正在草拟的《总论》是概括地讲此矩阵，是我们工作的"纲"。《分论》将共有9×3=27章，今后一个时期诸位可以独立写，也可以合力写，不拘一格；有位同志协调工作就可以了。

这就是我们今后几年的工作了。可以吗？请酌。

此致

敬礼！

钱学森

1994年7月17日

事物是不断发展的，我们自然随事物的发展而不断更新，有新的目标

王寿云同志，于景元同志，戴汝为同志，汪成为同志，钱学敏同志，涂元季同志：

我听涂元季同志告我，于景元同志写的总论稿中，有个"一百年不变"与现代中国的社会革命要从第二次推演到第三次的问题。我近读《人民日报》7月18日5版江流同志文及《人民日报》7月20日3版报道的丁关根同志讲话（均附上复制件），也与此问题有关。我现在想，这个问题实在是个历史发展问题。

（一）马克思列宁主义的基本原理是真理，我们必须坚持不动摇。把马克思列宁主义和中国实际相结合的毛泽东思想对我们来说是真理，我们必须坚持不动摇。把马克思列宁主义毛泽东思想与我们的社会主义建设经验和世界形势相结合的，邓小平建设有中国特色的社会主义理论，对我们来说，也是真理，我们必须坚持。

（二）但事物是不断发展的，我们的革命任务也自然随事物的发展和历史的演进而不断更新，有新的目标。今天在现代中国第二次社会革命的任务到建党100周年将基本完成，而到时世界形势由于社会主义中国的强大而有根本性的变化。所以我们又一次要更新我们的思想。我们要在坚持马克思列宁主义毛泽东思想和邓小平建设有中国特色的社会主义理论的基础上，按照第五次产业革命、第六次产业革命和第七次产业革命的内涵规划设计现代中国的第三次社会革命。

（三）我们这个小集体是为此做些先行的探索工作。

以上是回答于景元同志发现的一个问题。

再就是我最近看到一期《中国社会科学院要报》上讲，由于我国和世界各国可预见到的发展变化，在21世纪二三十年代中国将处于严峻的国际形势，并讲了几条我国外交方面应采取的方针措施。我看这是必要的，但还不够。我们还必须在我们中国进行第五次产业革命、第六次产业革命和第七次产业革命，使中国人的智力大大提高，使中国的全部现代科学技术有很大的提高，使中国的生产力在全世界领先。这样，就是发达资本主义国家也要向我们学了，他们会向我们派大量留学生。但我们是社会主义国家，中国人民的心愿是促进世界大同，因此，我们要：

1．严格遵守和平共处五项原则。

2．实行世界范围的群众路线；团结一切可以团结的国家和人民。

3．建立坚强的以高科技武装起来的国防力量，保证击退一切敢来侵犯我的敌人。

以上是我们这个小集体要探讨的又一个问题。两个方面都请考虑。

此致

敬礼!

钱学森

1994年7月22日

坚持宣传第六次产业革命

任继周教授：

　　好久未通信了，您好！

　　我一直收到《草业科学》，对此我十分感谢！我仍坚持宣传第六次产业革命，也有些人赞同，尚未得到中央和国家认可。还要努力！

　　此次也有个小问题：译为英文的问题。对草业您问过我，我当时有两个拼法小译的选择，我现在认为根据拉丁文多数的表达法，应择其一，将其中一个字母用i，不用a。即Praticulture，不用Prataculture，其他四业则是：农业，Agriculture；林业，Arboriculture；海业，Mariniculture；沙业，Deserticulture。

　　您看行吗？

　　此致

敬礼！

钱学森

1994年7月31日

关于加强牧区工作领导问题

李毓堂同志：

　　我近见全国政协民族委员会的一个讲草业的报告，现奉上其复制件，供参阅。其中10页第4关于加强领导的一段与我们多年来宣传的观点是一致的。

　　此致

敬礼！

钱学森

1994年8月10日

管理国家社会，总的原则是"微观放，宏观控"

于景元同志，钱学敏同志，涂元季同志：

近日我读《人民日报》总编室编印的《内部参阅》第30期和第31期中江流、徐崇温等的《20—21世纪社会主义回顾与瞻望》（上、下）和《人民日报》1994年8月12日5版龚育之文《关于"科学技术是第一生产力"》，感到我们对科学的社会主义也和对所有客观世界，包括人自己在内，都是在经历一个不断探索、不断认识、不断发现的过程。现奉上两文复制件，请大家共同研究。

我想我们有一些从实践中总结出来的客观真理，那是必须坚守不渝的，如：

1．辩证思维；

2．唯物辩证法和辩证唯物主义，前者是思维方法原则，后者为哲学；

3．人民是历史的创造者，要尊重人民；

4．管理社会、管理国家要用系统工程和从定性到定量综合集成法，要用总体设计部作为决策的咨询单位；

5．管理国家社会，总的原则是"微观放，宏观控"；

6．人类未来一定走向世界大同。

我们决不能因为斯大林在1929—1939年所取得的伟大胜利和我们在建国初年所取得的伟大胜利就说那种国家政治体制是在那种国际环境中

唯一正确的国家政治体制。难道到21世纪，一旦资本主义、帝国主义又侵略我们中华人民共和国，我们就又要放弃社会主义市场经济，走回头路？

总之，除了上述那几条基本原则，我们按照马克思列宁主义毛泽东思想，和邓小平建设有中国特色的社会主义理论，只能前进，不能后退！我们正面临第五次产业革命，即将迎来第六次产业革命和第七次产业革命，历史决不会重演！

以上当否？请教。

此致

敬礼！

钱学森

1994年8月15日

关于草业的外文译名、系统和信息及草产业典型问题

任继周教授：

您10月6日信及载有尊作的《草业学报》1994年3期，《草原与牧草》1993年2期都收到，我十分感谢！

（一）您对草业的外文译名的意见我同意，就不再变动了。将来也就说：任继周教授为草业起了外文名称。以此载入史册。

（二）您两篇文章都很好，把草业的外围社会和生态环境讲透了。您也引入了系统的概念和信息的概念，它们是相辅相成的。一切大规模的活动都离不开系统和信息，系统和信息是科学革命、技术革命，它们已开始引发了我称之为第五次产业革命的大事。

（三）我一直在宣传的是农业、林业、草业、海业、沙业的进一步发展，要几业结合，再加工、贸，形成知识密集型的产业体系。这在农业已有好典型：华西村（镇）和刘庄。草业有没有？

（四）这个草产业的问题十分重要，是关系到21世纪要出现的第六次产业革命。我近见您写了书序的李毓堂著《草业》，也想到这一问题，所以写信问李毓堂同志国内有无如华西村、刘庄那样的草业→草产业的典型。您知道有？还是没有？

（五）草产业是社会主义的企业了，不仅需要科学技术，而且要经济、政治、法制、金融等方面的能力，信息在这里就非常突出。

这些是我近日的想法。当否？请指教。

此致

敬礼！

钱学森

1994年10月23日

中国西部要大搞地理建设才能发展

胡兆量教授：

您11月1日来信及尊著《地理环境概述》都收到，我十分感谢！但信中您自称为学生，使我很不敢当！您是教授，我要向您学习。

我之能提出地理科学这一概念，得启示于竺可桢老院长，并取得老地理学家黄秉维先生的支持，不然我是提不出意见的。您应该把他们两位的功绩告诉学生。

北大地理学系易名，是好事。

您和陈宗兴教授、张乐育教授的书我翻看了，还没有仔细读。现有一个想法，谨向您报告：

我想我们今天对地理环境是既要认识它的现状，又要改造它；改造是为了我们社会和国家的发展进步。因此不能只讲地理环境，还要讲地理建设。现在我国西半部（即以兰州、成都、昆明南北画线的西部）是落后的。例如面积与人口有下表的情况：为了21世纪，中国西半部要大搞地理建设才能发展。

	川西藏区	青藏高原	四川省	浙江省	山东省
面积 / 万公里 ^{2}	23	230	56	10	15
人口 / 万人	160	550	10590	4200	8000
每公里 ^{2} 有人数 / 人	7	~ 2.4	189	420	530

　　地理建设也是社会主义建设，下分环境建设和基础设施建设。将来还有全国跨地区的调水，海水淡化等。信息高速公路建设也是21世纪的大事。更不用说还有铁路、高速铁路、公路、高速公路、河运海运设施及船舰制造、空运和管运。还有造林绿化、改造沙漠戈壁。总之，我们要把社会主义中国建成为人间乐园！

　　所以您们的眼光要看得更高些、更远些！

　　以上当否？请指教。

　　此致

敬礼！

钱学森

1994年11月6日

关于推广草地生物除害方法

李毓堂同志：

您11月15日信及关于人工招引粉红椋鸟控制蝗害的材料及录像带都收到。我十分感谢！

我但愿早日在我国出现草产业的大邱庄、华西村和刘庄！

用化学农药除害的毛病早已发现，各种生物除害的方法也已有不少，惜未能推广！这又是中国草业协会的任务了。

此致

敬礼！

钱学森

1994年11月16日

要总结生物治虫与化学灭虫经验，
找出今后发展的正确途径

卢良恕副院长、院士：

我近得到中国草业协会李毓堂同志送来的关于人工招引粉红椋鸟控制蝗害的材料（熊志焱、赵新春报告及录像），我看过后，送上供您审阅。由此我想到两件事，谨向您报告。

（一）用生物治农林害虫是一个古老的技术。我从前就知道招灰喜鹊治松毛虫等技术。但后来发展了化学灭虫药，人们因便于使用而舍弃生物方法。现在则因用化学农药引起环境污染，又返回来考虑生物方法。我国农林界要不要全面总结一下经验，找出今后发展的正确途径？

（二）看了中国工程院院士的名单，您所在的农业、轻纺与环境工程学部才12人，是中国工程院6个学部中人数最少的。这与农业、轻纺与环境工程的重要性很不相称！中国工程院在这次新院士增补中应设法解决此问题。

当否？请教。

此致

敬礼！

钱学森

1994年11月20日

生物技术学是水稻高产工程的指导性理论

杨守仁教授：

　　您1月5日来信及附件（1）庄巧生先生信部分复制品、（2）论文《水稻超高产育种的理论和方法》都收到，我十分感谢！我也祝愿您和您的助手们在新的一年里对水稻超高产的理论有新的突破！

　　水稻超高产是我国的一个重大研究课题，过去同志们也有不少争议，这说明问题的复杂性。是否应该说水稻超高产是一个复杂的系统工程，育种是其中的一个问题，还有田地土质、灌溉、日光、气温、种植密度、用肥、防虫害等许多问题。所以是一项工程，犹如航空工程的飞机设计、制造与运用。

　　我说的中间层次学问，可称为"生物技术学"，则是这项工程，水稻高产工程的指导性理论，一门方法学。您文章中提出的几点很有启发性，很值得有志于"生物技术学"创建人的思考。

　　安徽师范大学生物系周嘉槐教授已开设非师范性专业课"生物技术学"，我将把您的信及文章，连同此信复制件寄给他阅读。这是我这个生物科学外行人能办的一点事。

　　此致

敬礼！

钱学森

1995年1月11日

开发耐盐碱农作物是未来农业的大课题

韩博平博士，金建华博士：

我读了二位在1995年1期《科技导报》的文章《我国红树林资源状况及其管理对策》，很受启示，也想到开发耐盐碱农作物的问题，这是关系我国未来农业的大课题。

以我这个对生物科学只是业余爱好者看来，耐盐碱的植物似都有个"红"字，如红树、红荆条、红柳、甜高粱或红高粱等。为什么总是"红"？枝条表面的颜色与耐抗盐碱有关吗？更深层次是否与某个基因有关？如果是如此，那岂不向我们指出研究方向？先找出这个基因，然后再注入原来不耐盐碱的农作物，从而培育出新农作物品种，能在岸海滩涂种植的农作物。这不是一个重大生命科学课题吗？您们建议的国家级研究机构不该搞这项基础应用研究吗？

我以上都是外行人的话，请二位指教。

此致
敬礼！并恭贺春节！

钱学森
1995年1月23日

我们已看到第五、第六、第七次产业革命的光辉前景

涂元季同志：

在这几天节日期间我翻看了马健行、高峰、张帆、包文、薛伯英、张雷声合著的《垄断资本概论——马克思主义的帝国主义理论·历史与当代》，想到也许可以请您下点功夫慢慢品味这本书，所以附函送上。请酌。

我这样做是因为有个想法：

（一）回顾我在50年代读了列宁的《帝国主义是资本主义的最高阶段》，我很受教育和鼓舞，对当时的苏联模式充满了信心！

（二）后来五院成立，我到南苑一院工厂去看，发现就在这么一个小厂，五脏肝胆俱全，连螺钉螺帽也自己有车间生产。这是"自由资本主义"时代工厂单干，没有协作，生产效率极低。到苏联去访问参观，才知道这是苏联模式！我心中有点想不通，这样干效率太低呵！

（三）直到党中央决定要在我们中国实行社会主义市场经济，我们要引进国家垄断资本主义的先进生产组织模式，搞公司集团，走向社会主义为目的的"垄断大公司"。这才明白"垄断"是高效生产组织模式，资本家用它，我们也要用它。

（四）但国家垄断资本主义就不会走向灭亡了吗？国家垄断资本主义的致命弱点在哪里？送上的这本书看来没有击中要害！

（五）在几年前我恐怕也回答不好这个问题。但现在我们七个人写

了那篇宏文，我们看到了发达国家的根本误区！他们让国家垄断资本主义迷了心窍，看不到我们看到的基于第五次产业革命、第六次产业革命和第七次产业革命的光辉前景！

　　此见当否？请您先思考，然后找我们小班子中人研究，看看该怎么办。

　　此致

敬礼！

钱学森

1995年2月4日

镶黄旗草产业起步了

李毓堂同志：

　　春节刚过，今天又是立春！我也要向您报告一个好消息，也是大喜事：社会主义中国的草产业有一个开始了！

　　《内部参考》1995年1月27日第9期13~15页有篇报道《镶黄旗进行牧区运行机制和管理体制改革》，讲了这个总人口不到3万人的旗，就临近河北省之便，已先行一步，建立了小行政，把原来旗的商业、粮食、物资、牧机等四个局转为企业；再结合由旗食品公司冷库为龙头成立了牧工商联合总公司；下有技术综合服务体系。再明确草场制度与产权关系，调动了牧民的积极性。全旗形成了一个从治养草场、牧畜、畜品加工成肉食、绒毛等市场商品一条龙的组织。这是现代化草产业了。

　　我读了这篇报道后心里非常高兴，您要创立的草产业有了起步了！进一步发展是提高草场质量、改良畜种、产品深度加工，佐以交通信息建设，则镶黄旗人均收入年数千元是指日可待的！

　　以上向您报告。您一定也高兴吧！

　　此致

敬礼！

钱学森

1995年2月4日

烹饪工业化是一次产业革命

邹伟俊大夫：

您于今年立春那天的来信及附尊作皆收到。

我们面临的是一次产业革命。

现在正震动全世界的信息革命实是继帝国主义、垄断资本主义兴起的第四次产业革命和第五次产业革命。现在已有先声的是农业的科技化、工业化，再加我们在讨论的烹饪工业化、科技化，那就是将在21世纪社会主义中国首先出现的第六次产业革命。所以请注意：这是烹饪工业化！不是烹饪商业化！烹饪商业化早已有了，现在也已发展了，早不是新鲜事了！

说烹饪工业化是把烹饪用大规模组织起来，形成现代工业；不是一个几个联营快餐店而已。一个烹饪工业公司是集团公司，它面向买主的是上千家门市店，为大约100万人提供立即可以享用的饮食。像南京、北京、上海这样的大城市，有十来家这样的烹饪集团公司就可以了。

可以想象这样的烹饪工业公司有上万职工，有工厂车间，有管理经营部门，也有工程技术部。您在信中提出的，主要在这工程技术部。一个烹饪工业公司的工程技术部可能有几百人、上千人，是各行的专业工作者。其中有营养学专家、有炊事器具专家，当然有医学家，包括中医药专家。不但我国传统医学的成果要用上，还要发展新技术（如磁化技术）。

第六次产业革命！您一定能参加！

以上请考虑，并请指教。

此致

敬礼！

钱学森

1995年2月12日

科学改造地理环境，使之成为"人间天堂"

吴传钧院士：

我非常感谢您赐的尊作《中国土地利用》及《重负的大地——人口、资源、环境、经济》！

现在我只是大致翻阅了这两本书，但已深感在社会主义中国，我们的前途在于运用现代科学技术和马克思主义科学的社会科学改造我们地理环境，使之成为"人间的天堂"！

中国的沙荒、沙漠、戈壁是可以改造为绿洲的，草原也可以改造为农畜业联营，等等；这样，就是中国的人口发展到30亿，也可以丰衣足食！

地理科学大有作为呵！

我向宁淑同志问安！

此致

敬礼！

钱学森

1995年3月12日

一条龙组织的农业实是农业走向第二产业

周嘉槐教授：

我谢谢您在三八节来信，祝贺我获何梁何利优秀奖！

农业的问题的确比较多，它在社会主义市场经济中与先进工业比，总处处对不上号。附上剪报复制件也谈了您信中说的问题。我看根子在于农业是第一产业，不是第二产业；它资格老，但也就比较落后了。这非改不行！山东省近年来走出一条新路，叫一条龙组织，一个农业总公司牵头，下有农产品加工厂，有技术组织，农户是与公司定合同，机耕、灌溉、施肥等公司服务，最后收成按合同价售公司；公司也提供种子。

我认为一条龙组织的农业实是农业走向第二产业，结束第一产业。这样问题就彻底解决了！希望的曙光已在中国大地上亮起了。这是继信息革命的第五次产业革命的又一次产业革命，第六次产业革命！（见附上《草业信息》1995年第1期）

我的这些看法，不知对不对，请指教。

此致

敬礼！

钱学森

1995年3月14日

镶黄旗是草产业的好典型

王明昶同志:

您3月13日信及附件都收到。

我非农学工作者,对草业只能从大的方面,社会主义建设方面做点宣传工作。我认为问题在于要建设一个合乎社会主义市场经济和现代科学技术的草产业体系,不然只从技术方面推是推不动的。而好在您那里已出现了个镶黄旗的好典型,请读《草业信息》1995年1期及2期。所以是大有可为的。

以上请酌。

此致

敬礼!

钱学森

1995年3月16日

要研究第六次产业革命，预测中国21世纪中叶的农业

李振声院士：

您3月10日来信及所附《我国农业生产的问题、潜力与对策》都收到，我十分感谢！在此之前我已在《中国科学报》1995年3月6日版读到此报告，但那是没有附图及附表的，这次更全了。而且从《中国科学报》知道此报告得到姜春云同志的重视，可见报告质量是很高的。这是您的功劳了！

我总记得前全国政协副主席王任重讲过的一句话：共产党员嘛，不能只想到5年、15年，要考虑50年、100年！他教导我们要有远见！因此我想对我国农业，不能就为15亿人口，要想想中国人口到了20亿、30亿怎么办。也就是这个原因，所以这几年来我一直在宣传第六次产业革命。这您是知道的。

现在我想：什么叫第六次产业革命？第六次产业革命就是要像第三次产业革命那样，机械工业兴起，手工业消灭了；第六次产业革命就是要消灭个体操作的第一产业，使农业也进入第二产业和第三产业，从而大大引入现代科学技术。现在我国已有这样的例子，如山东省就出现所谓龙形农业组织；在一个地区，由一个公司牵头，叫集团公司，下面有农产品加工厂，有市场贸易公司，集团公司还有科技服务公司、农业服务（包括种子、化肥、农机、灌溉）公司。集团公司与农户签订合同，提供信息和服务，收割后按合同收买农产品。这不是第一产业了，是第

二产业、第三产业。我想再过30年、50年，这就将是社会主义中国进入中等发达国家的农业，是新时代的农业。

有了这样的农业，科技成果将能普遍推广。例如：我国有大约20亿亩的沙漠、戈壁及沙化土地，用以色列的滴灌技术加造林，就能至少把其中一半，10亿亩改造成农田。北方草原也可以改造。在盐碱滩涂可以种耐盐碱的作物，如甜高粱，以及人工分子育种的耐盐豇豆（见《中国科学报》1995年2月17日1版）等。

最后一定会发展到全部农田用大棚封闭，人工调节棚内气候。那是农田的彻底工厂化了。

我建议中国科学院，不同于中国农业科学院和中国林业科学院，特别要研究第六次产业革命，预测中国21世纪中叶的农业！

我这些想法要向您请教，请指示。

此致

敬礼！

钱学森

1995年3月17日

垃圾资源化实是资源再生利用的新兴工业

李向南同志：

　　您4月12日来信及载有高级工程师陈启发倡议的报纸都收到，我十分感谢！

　　垃圾资源化实是资源再生利用和资源充分利用事业的一个组成部分，是一类新的企业，新的产业，新兴的工业。这是人类社会发展进步的必然产物。我们要从历史唯物主义的高度来看待它，要提高，不要停留在"捡破烂"的概念上。

　　资源的充分利用也是重要的。如在大庆的注水采残油技术，徐州矿业大学余力教授开发的用地下煤气化开采残煤等。还有山西太原李双良的钢渣开发利用，那是很成功的，已形成产业。

　　对这些十分重要的21世纪工业，在我国已有萌芽，在我国传统也有如收购家庭废弃物如橘子皮制药等；在国外早已形成工业（如陈启发高工所述）。那为什么这一工作，一方面有不少议论（有专门的期刊，有专门的协会），但另一方面有开步的困难呢？您作为《经济日报》的记者，不该做些调查，不该做些采访，搞清问题之所在吗？这是件大事呵！

以上请酌。

此致

敬礼!

再附上一剪报供参阅。

钱学森

1995年4月21日

西部如像东部那样发达，人口
再增加一倍也不会有困难

黄顺基教授：

您5月7日来信及刘宗超同志博士论文《生态文明观与中国的可持续发展》都收到。

对论文我谨提以下几点看法供您考虑；不当之处请批评指正！

（一）论文是献给中国人民大学中国人口、环境与发展研究中心的，又是科学技术哲学专业的，那就应该是一篇结合中国具体情况讲地球表层学（地理科学）的哲学——地理哲学。地理哲学是马克思主义哲学的组成部分，所以是辩证唯物主义的。

（二）因此论文要批判一些流行的错误观点。

（三）熵的说法是不对的，而论文未打中要害：系统的熵的概念是基于系统平衡或接近系统平衡时才有意义，而地理环境则一般远离系统平衡，所以概念不适用；对现在正在高速发展的中国更是如此。

（四）信息的涵义包括对信息的认知，即理解。听不懂的语言只是噪声不是信息。所以地理信息远不能包括地理环境的实际运动，只沧海之一粟而已！

（五）论文还应该有发展的观点：地球表层学在不断扩展，人活动的范围在不断扩展。如现在已有入地深钻井，深10公里多，不是矿井的几百米。又如现在航天事业在高速发展，已深入太阳系了。

（六）中国可持续发展，论文应打开人们的眼界！中国的西半部还处于未开发阶段，一旦如中国东部那样发达了，我国人口再加一倍到30亿也不会有困难。还有科学技术的巨大作用：如微生物农业，所谓白色农业；海上建船岛等。美国正在进行的所谓"第二生物圈"（BiosphereⅡ）试验就是要证明地理环境搞好了，人口密度可以成几十倍地增加！将来还有航天技术，人进入太空，"巡天遥看一千河"！

（七）当然，刘宗超同志还是很努力的，他也有科学技术的学习根底。但搞科学技术哲学的确不易：要横跨自然科学工程技术与社会科学哲学，领域开阔，一位博士生在短短几年里要纵游这么大的思维空间，是很不容易的。我能提出的办法是：让青年学生参加各学科的讨论会，吸取各专业的知识，再用马克思主义哲学贯通起来。

（八）最后：在论文46页下方页注中刘宗超同志提到我于1991年7月9日给他的信，现附上该信的复制件。请看此信内容与他页注说的内容一致吗？怎么不说我对他的批评？而且他也未接受我的批评，在论文中又提出什么"信息增殖"！

黄顺基教授：蒙您赐信要我对论文提看法，我遵命写了这么多，定有不当之处，请您指示。

此致
敬礼！

钱学森

1995年5月17日

第六次产业革命要改造农林业成为集团式经营

黄顺基教授：

您6月12日信及《"社会科学是否第一生产力"的思考》都收到。

信中提到第一产业不会消失，那是因为第一产业是靠自然资源的。但在我国矿业是作为工业看待的，是第二产业；只有农、林才是第一产业，其特点是小规模经营，与加工、销售脱离。即将到来的第六次产业革命要改造农林业成为集团式经营，"一条龙"式的组织。种地、营林都将是高度机械化的。这不是一种工业了吗？

信中提到的，即附稿所说的问题之要害，我看不在理论。而是那帮书蠹虫、书呆子怕联系实际！所以他们不敢公开争论。

请酌。

此致

敬礼！

钱学森

1995年6月14日

第六次产业革命主要是把第一产业改造成为第二产业

于景元同志，涂元季同志：

我近日在报刊上看了一些讲发展农、林、海产品的文章，结合前些日子读了姜春云同志讲生产、加工、销售一条龙的大农业结构，对我们说的第六次产业革命又有了点新的体会。现陈述如下，请考虑：

（一）今天有不少人鼓吹生命科学的新发展。我看这主要在于生命科学走向微观、走向分子层次所取得的成果，但生命，特别是植物、动物都是以细胞为基础的复杂组织；可以说除了单细胞的菌物，它们都是开放的复杂巨系统。因为人们对开放的复杂巨系统的研究还在初级阶段，我们对生命科学的新发展要有实事求是的认识：比起无机物的科学，它还差一个层次。还不到电子学、光子学那样能直接去开发高新技术。

（二）只有单细胞的菌物是例外，在菌物生产技术中可以直接利用生命科学的新成果。菌物生产是所谓"白色农业"；"白色农业"有高新技术。

（三）从这点看，农、林、牧、副、渔，"绿色农业"，"蓝色农业"（即海产业）还不能直接同生命科学的新成就挂钩，还是老的农、林科学的应用。这就如同本世纪初的机械电工制造技术，老的工程概念。所以第六次产业革命是主要把第一产业改造成为第二产业，让第一产业（小规模的农林业）从历史上消失。第六次产业革命的重点变革在于生产组织，大规模的集团式经营；换句话说第六次产业革命是直接利用第四次产业革命的成果——集团式公司组织，于"绿色农业"和"蓝色农业"。

（四）只有"白色农业"不同，它是高新技术产业。我们应重视"白色农业"，并研究利用菌物的加工业。

（五）这样，第六次产业革命到21世纪中叶，我国能不能做到"绿色农业"（农林）占50%，"蓝色农业"（海产）占35%，"白色农业"占15%？

请酌。

此致

敬礼！

钱学森

1995年6月14日

"白色农业"是农业中的高技术产业

周嘉槐教授：

您5月16日来信及殷宏章先生的回忆录续四都早收到，未即复信的情况是没有立即要您报告的事。

近日来从报刊上读到许多关于农林生产的事；有人还提出"绿色农业""白色农业"和"蓝色农业"。"绿"为陆地上的农（林）业，"白"为菌物培育，"蓝"为海产。"三业"中只有"白"是单细胞生物，还比较简单，有希望直接从生物科学走向生产，而且产品营养价值也高，应该大力开发促进。"白色农业"是农业中的高技术产业。此意当否？请教。

此致
敬礼！

钱学森
1995年6月21日

解决环境生态"病"要用地理
科学和工程技术，以及社会科学

邹伟俊大夫：

您7月16日长信收到。

您是从苏南地区水污染严重说到这地区在发展经济的同时带来的社会环境生态问题，再从治理社会环境生态引到"社会医学"。这还是您的"泛化"思想。但我只想请您注意，为人治病的医学毕竟不能解决环境生态问题，社会不是人体。解决环境生态的"病"要用地理科学和工程技术，以及社会科学。您是提出问题，不是提解决问题的方法。这一点请考虑。

此致

敬礼！

钱学森

1995年7月20日

五大产业是从小弟弟沙产业做起的

刘恕同志：

沙产业的会开得很成功，可喜可庆！这里宋平同志起了很大的作用！

会上托涂元季同志带交给我不但是会议文件，还有那么多礼品，我真不敢当！请您在便中向省领导，武威、张掖领导代我致衷心谢意！

我读了文件，看了录像带后，逐渐在脑中形成一个想法，现向您报告并请教：

我想武威、张掖的同志实际是开创了一个新型产业，在缺水但阳光丰富的地区，用高新技术搞农副业生产，达到高效益。这是将地区的特点同现代科学技术结合起来了，那是不是给我们一个启示：农、林、草、海、沙这五大用阳光和生物的产业都要运用高新技术创造出一套前所未有的新产业，这是古老的农林牧副渔所没有的，今天搞农林的同志、搞海洋养殖业的同志也没想到用高新技术吧。引入高新技术以及高新技术产品——新材料、信息技术等，将会出现前所未有的新产业，一个真正知识密集型的农产业、林产业、草产业、海产业和沙产业将要在人类历史上登上舞台了。而这是从小弟弟沙产业做起的！高新技术将引发人类历史上的第六次产业革命！中国人可以当带头的！

刘恕同志：您真办了一件好事！

　　此致

敬礼！

　　　　　　　　　　　　　　　　　　　　　　钱学森

　　　　　　　　　　　　　　　　　　　　　　1995年10月26日

第一篇　钱学森论草产业

要为21世纪的农产业办三件事

周嘉槐教授：

您在贺年卡中提到加拿大生物技术家Moloney提出Molecular Farming 新概念，要开拓一个新兴研究领域，对此我虽不知底细，但很受鼓舞！ 因我不久前读了《发明与革新》这一中国发明协会会刊1995年11/12月期 26页文，讲宁夏科隆生物工程开发研究所的经营领导人，40多岁的李长 潇，自创组建研究所，将学院式的"细胞"组织无菌育苗技术发展为营 养钵一般育苗，并开发为企业，取得国家专利。现在这个私营研究所已 成功地走上市场。这两件事教育了我！原来早在30年代在美国加州理工 学院殷宏章先生告诉我的生物细胞育苗，现在已发展成大有作为的农业 了！

我再读报载姜春云副总理在年终前于中南海召集的为农业献计献策 会议，并讲了话。他说："更重要的关键的是依靠科技进步。科技进步 是我国农业上新台阶、上新水平的希望所在。"所以我在下面提一个问 题，向您请教：

我们社会主义中国要为21世纪的农产业办3件事：（1）国家制定发 展如前页所提到的新技术、高技术农产业的纲领、规划及计划；（2）促 进开发性企业的建立；（3）在高等院校培养高技术农业的人才，可先办 短期培训班。

我相信中国的农民是能接受这种高技术农产业的，因为已有成功的实例：去年12月初在宋平同志支持下，姜春云同志就叫国家有关部门同甘肃省政府在当地召开了武威地区和张掖地区的沙产业会议。会议介绍并讨论了甘肃两地区在沙荒地采用（1）地面下铺膜防水下渗，（2）地上建棚采光防风，（3）节水用滴灌，从而取得蔬菜水果丰产，已实现"西菜东运"！这不就是产业化了的高新技术农业吗？农民也走出贫困，富裕起来了。

如果您认为以上建议是有道理的，何不组织像您这样的专家教授向姜春云副总理提出建议？这是国家大事呵！请酌。

此致

敬礼!

附剪报一纸。

钱学森

1996年1月2日

生态问题涉及社会，要用复杂巨系统理论才行

韩博平同志：

您去年秋日来信及附刊物早收到，迟复为歉！

生态问题涉及社会，所以实是一个地理科学问题，也因此要用处理开放的复杂巨系统理论才行。只用比较简单的所谓生态网络分析恐难完成任务。这方面您可参考潘玉君等著《地理科学》，哈尔滨地图出版社1995年9月第一版（定价15.00元）。

我讲人体科学的书系内部版，现正在安排正式出版，人体科学工作者的看法，现有《中国人体科学》杂志，是公开出版的。敬告。

此致
敬礼！

钱学森
1996年1月21日

农业和农民将成为工业化的农产业和工人了

关锐捷同志：

我读到您在《经济参考报》1996年1月29日2版文《迎接跨世纪的产业革命》，深受鼓舞，也有些想法。所以写此信向您请教。

我在10多年前就提出过把农业界定为利用阳光、通过生物制造人所需要的产品的产业。后来党和国家要求农业要"两高一优"，明确了任务。近年也出现了农、工、贸一体化的"龙形企业"。但要农业产业化，必须有较大的资本投入。怎么解决这个难题？这是我一直在思考的问题。

现在有办法了，正如您的文章指出的，国家要鼓励大中型企业投资农产业，像三九企业集团的神农发展有限公司、希望集团与科瑞集团和中国安泰经济发展公司的希望农业控股公司，还有安康集团等的中西部农牧业开发建设有限公司等。接下去的问题是：如何用马克思列宁主义毛泽东思想和邓小平同志建设有中国特色的社会主义理论，明晰我们对这一发展的认识，用这个认识来指导、推动这一变革？您提出了产业革命。对此我很同意。

我一直认为产业革命是全社会整个物质资料生产体系的变革；现在已经开始的所谓信息革命也是一场产业革命，我称之为第五次产业革命。这样说来，您提出的农业产业引发的产业革命是第六次产业革命了。我们党和国家一定要组织领导好现代中国的第六次产业革命。为此，我们要下气力研究这个问题。这是一个很深刻的课题：例如，所谓第一产业还会存在吗？它不将被第二产业加第三产业所取代吗？古老的已存在了几千年的农业和农民将成为工业化的农产业和工人了！您作为国家农业部的成员不该考虑这个大问题吗？

　　以上请教。

　　此致

敬礼！

钱学森

1996年1月31日

农业进入产业革命，除投资外，还需要生物科学技术

周嘉槐教授：

我近得国家农业部农村改革试验区办公室（北京市西皇城根南街9号，邮码100032）关锐捷副主任、高级工程师来信，并寄来两份他写的关于大型工商企业进入农业的文章。现将其中一份附上供参阅。

我也回关锐捷，向他介绍您这位生物科学技术专家，并说农业要进入产业革命，除投资外，还需要生物科学技术；所以请他向您请教。让我们大家来促进社会主义中国的第六次产业革命。

此致
敬礼！

钱学森

1996年2月11日

农产业是通过生物制造生产社会需要的产品

包建中同志：

您3月28日信收到。对您提出的问题我有以下看法：

（一）农产业是通过生物制造生产社会需要的产品。有的产品是工业生产的原料，如棉花、亚麻、蚕丝等；有的产品是医药材，是医药卫生事业的必需品。所以我们要分清，不能把农业与工业或医疗卫生事业混在一起，这是国家社会的组织管理要求的。

（二）白色农业的能源不一定来自阳光。这是白色农业与绿色农业、蓝色农业不同之处。白色农业的能源可能来自矿物能源，如石油；也可以是其它，如将来会有可能利用核能。这就打破了农业要受耕地与领海面积的限制，是件大事了。

我以上看法妥当吗？请指教。

此致

敬礼！

钱学森

1996年4月15日

只有产业化了，才是第六次产业革命

包建中同志：

您5月20日来信及尊作《创历史万古之新，建人类永恒事业》今天收到。

初读尊作心中有一点解决不了：您既然提出第六次产业革命，那就必须明确，目标是产业化，即农、工、贸一体化；不只是搞"三色农业"的生产，还要将"三色农产品"加工成商品并推销入市场。也就是我国的所谓"龙形企业"。只有产业化了，才是产业革命，第六次产业革命。

以上供参考。

此致

敬礼！

钱学森

1996年5月23日

改造地理环境必须遵循地理科学规律

瞿宁淑同志：

您5月25日信及中国地理学会即将召开的会议通知都收到。

对金德生同志等人提出的"砂业"探讨我祝他们成功。但这是建立一个新的工业，不知他们有没有研究过其全部社会作用，包括江中挖砂、运砂，砂的利用，对已存在的市场起的作用等。他们的报告没讲清。

对"地理建设与可持续发展"研讨会，我想一个重要问题是：要区别地理建设与环境保护。现在人们理解得比较多的、说得比较多的是环境保护，而地理建设则是更先进，我们要改造地理环境，使它更适合我们的生活及社会要求。改造必须遵循科学规律，这科学规律就是地理科学。此意当否？我向您和传钧院士请教。

此致
敬礼！

钱学森

1996年5月27日

人民体质建设的飞跃，应称为第七次产业革命

裴凌沧同志：

我非常高兴地读了您6月18日来信及尊作《内外环境元素平衡是协调人与自然关系解决元素与健康问题的一个重要环节》。见到在送来照片中的您，虽比旁边的刘东生先生更年轻些，但也年过60了吧？所以对我您还自称"学生"，我真不敢当！

您信中说了要"优化食物生产、调整食物结构、改善营养状况"，并提出要"吃什么种什么"，我很受教益！这的确是人民体质建设的重要内容，也是营养学的发展。营养学属医学，所以您的工作也是人体科学的工作。我认为现在兴起的所谓信息革命实是第五次产业革命（第一次产业革命出现于大约一万年以前，人们从打猎转入种植、畜养；第二次产业革命是有了商业，人们为了商品转入生产；第三次产业革命即从前说的"工业革命"；第四次产业革命出现于本世纪初，即垄断资本主义的出现），那我们现在正开始的农业产业化，"农、农产品工业加工、贸易一条龙"，则将发展成为又一次产业革命，第六次产业革命，届时现在所谓的第一产业将消失，转为第二产业，即工业了。从这个观点看，您提出的问题是人民体质建设的飞跃！应称为第七次产业革命！第七次产业革命也包括快餐业的发展，烹饪也工业化了，成为家庭厨房消失的先声。

这样看来，您的工作不但是人民体质建设，而且是改变现代农业的

第六次产业革命和人民体质建设的第七次产业革命；因此我深受鼓舞！也感谢您对我的启示！

以上是否有当？尚请指教。

此致

敬礼！

钱学森

1996年6月26日

农村转化集中成为小城镇

鲍世行同志：

您9月25日信及附件都收到。

我现在才知道：我国国家建设部已于1992年提出创建"园林城市"，几年来已在全国评审命名北京、合肥、珠海、马鞍山等8个园林城市。现在继重庆市之后自贡市又提出要建山水园林城市，很自然，重庆市和自贡市是不是要把城市建设再提高一级，从园林城市到山水园林城市？按此情况，似可把城市建设分为四级：

一级一般城市，现存的；

二级园林城市，已有样板；

三级山水园林城市，在设计中；

四级山水城市，在议论中。

您是城市科学专家，此意当否？请教。

所以山水城市是21世纪的城市。那么21世纪的社会主义中国将是什么样的中国？首先是消灭贫困，人民进入共同富裕；然后要考虑到两个产业革命的巨大影响。

一是信息革命，即第五次产业革命，使绝大多数人不用天天上班劳动，可以"在家上班"。二是农业产业化，即第六次产业革命，使古老的第一产业消失了，成为第二产业；这也就是您信中说的农村转化集中成为小城镇。这样我国人民将都住在城市：全国大多数人住在小城镇，大城市是少数。上千万人口的特大城市，全中国有几个而已。

中国的城市科学工作者面临的就是这样一幅全景。他们要把每一个这样的城镇、城市建成为山水城市！Garden City、Broadacre City，"现代城市"（L.柯布西耶）、"园林城市"、"山水园林城市"等等都将为未来21世纪的山水城市提供参考。

这就是我现在的想法，对吗？请指教。

您10月13日的广播，我将安排收听。

此致

敬礼！并祝节日愉快！

钱学森

1996年9月29日

用现代市场经济及现代科学技术改造传统农业

周嘉槐教授：

您10月28日信及文稿《传统农业与植物生理学》都收到。

我想我国农业面临的大问题是用现代市场经济及现代科学技术改造传统农业，也是坚持社会主义产业的"两个转变"。我认为这实际是农业产业化，即我国的第六次产业革命。此意当否？请赐教！

奉上湖南省杨忠烈同志的一个报告，请阅。

1997年即将到来，我向您恭贺新年！

并致

敬礼！

钱学森

1996年12月22日

我国农业将面临产业化，
即农、工、贸一条龙经营的改革

周肇基教授：

谢谢您的祝寿电！12月20日信收到，知道您工作很忙，也很有效率，可喜可庆！

新的一年即将到来，我看我国农业将面临产业化，即农、工、贸一条龙经营的改革。您是研究农史的，这也是农史的大事，故奉上《科技日报》复制件供参阅。

再祝您和韦璧瑜同志新年快乐！

此致

敬礼！

钱学森

1996年12月30日

"农业产业化"是指农业作为第一产业
向现代化的第二产业转化

包建中研究员：

您写的《"白色农业"可行性调查研究——1996年工作简报和建议》已收读。此件7页有您对"农业产业化"一词的意见，现在我对此提点意见供参考：

"农业产业化"一词实际是指农业作为第一产业向现代化的第二产业转化，所以在将来人类社会历史上起过重大作用的第一产业会消失，变为农、工、贸一体化的现代化的大企业。您倡导的"白色农业"是工厂化生产，完全不是老的第一产业。所以用"农业产业化"一词是有其积极意义的。请酌。

此致
敬礼！

钱学森

1997年1月9日

第七次产业革命后，人们将基本上
转入脑力劳动创造性劳动

戴汝为同志：

您3月4日来信及《复杂巨系统学——一门21世纪的科学》文稿都收到，谢谢！

三个问题，请酌：

（一）那位Zhu博士（朱博士？）联系上了，很好，便于您了解SFI的工作。但对这帮资本主义学者不可迷信，因为我们的思想是根于马列主义辩证唯物主义的，实事求是，不空想！

（二）对那个老定义的确需要改进。对子系统的多变，不要认为是其不确定性，子系统的行为与它所处的环境有关；这样系统环境影响子系统，而子系统行为又影响系统，所以是高度非线性的。所以复杂性离不开系统，又说复杂性不够，要用系统；而且因为用了宏观方法，故称复杂"巨"系统。

（三）"第二次文艺复兴"是指第五次产业革命、第六次产业革命和第七次产业革命后，体力劳动将大大减轻，人们将基本上转入脑力劳动创造性劳动，从而人类文化发展将空前加速。我们研究这个题目是为了全人类。

文稿我留下了。

此致

敬礼!

钱学森

1997年3月8日

现代化农业型新产业——贸、工、农一条龙的农产业、林产业、草产业、海产业和沙产业

张维院士：

我兄3月5日来示及附复印件早收到，迟复为歉！蒋英和我都问您好！

我在过去提出的是现代化农业型新产业——贸、工、农一条龙的农产业、林产业、草产业、海产业和沙产业，后来又有中国农业科学院生物防治研究所包建中研究员提出的用工业能源通过微生物生产的"白色农业"（上述农产业、林产业、草产业及沙产业为"绿色农业"，海产业为"蓝色农业"）。您们提出的草原研究与开发属草产业。此业已得到重视，已有民间组织"草业协会"。有出版物。

至于开发沙漠，有以色列走在前面；在通县永乐店有一所"中以合作试验农场"，是用塑料透光大棚，内地面下有塑料膜防渗，用计算机控制滴灌供水施肥，也可加二氧化碳气肥。此技术也已在甘肃张掖、武威开始，很有成效。也有"沙产业协会"，主持人为中国科协副主席刘恕同志。有出版物。姜春云副总理也很重视。

此情况谨向您报告，并希望您7位院士的建议得到重视。

再：年前我收到北京航空航天大学的通知，要我当"陆士嘉力学研

究基金会”的名誉职；我因已几十年未做力学工作了，所以请谢。此事敬闻。

　　此致
敬礼！

钱学森

1997年3月16日

要走现代化的道路，发展草产业

李毓堂同志：

您9月12日来信祝贺中秋节，我很感谢！剪报复制件及《青青中国草》一册也收到。

中国草地面积广，草业前途甚广；要走现代化的发展道路成为草产业。快速、高温、低耗牧草烘干技术生产的优质豆科草粉应加紧建设。我前见报端有用草炭养微生物生产蛋白质饲料的建厂报道；也有用有机垃圾生产饲料的报道。这些引起草业界同志注意了吗？

农业产业化已得中央的重视，江总书记在十五大的报告中已论及；草业产业化呢？

以上不知当否？请教。

此致

敬礼！

钱学森

1997年9月21日

第六次产业革命需要知识面更广的人才

朱清时校长：

您8月31日信收到，我十分感谢！您对我过奖了，我不敢当！

回想40年前，国家制定了12年科学技术远景规划，要执行此规划需要科学与技术相结合的人才：电子计算机是半导体物理与电子技术的结合，航空航天技术是工程与力学的结合。所以成立了中国科学技术大学。今天，这种科学与技术的结合范围更大了，涉及到差不多全部科学技术，也包括社会科学：如国家已成立了信息产业部，这是为了在我国推进信息技术革命，即第五次产业革命。还有初露的第六次产业革命，即农业产业化革命，是绿色农业（即今日的农业）与白色农业（微生物农业）及蓝色农业（即海洋农业）并举。这一新发展需要知识面更广的人才。中国科技大学不要为这一21世纪的需要做准备吗？

为了这一新发展，我和我的合作者提出"集大成得智慧"的概念。这一概念引起了您校的注意，您校曾邀请我的一位合作者中国人民大学钱学敏教授到您校做报告，讲大成智慧。这您一定知道。

请您参照这一概念，考虑21世纪的中国科技大学吧。

以上请酌。

此致

敬礼！

钱学森

1998年9月9日

实现《全国生态环境建设规划》需要草产业

李毓堂同志：

新年来临就收到您节日来信及讲草业的三个附件，我非常感谢！并祝草产业在新的一年里有更火的发展。

看了这些文件后，深感在您和中国草业协会的推动下，我国的草产业早已开步发展，真是世纪之交的好消息！近见报端有由国家计委组织有关部门制订的《全国生态环境建设规划》，显然实现此规划也需要草产业；可见您的工作十分需要！

您来信问有无以我名义命名的基金，没有。我也不会同意的。只是有一个"沙产业基金会"是中国科学技术协会副主席刘恕同志领导的，也不是用我的名字命名的。

此致

敬礼！

钱学森

1999年1月10日

农业与加工销售一条龙经营，也是"科技经济"

于景元同志：

一年一度的春节到了，我和蒋英也要向您和崔翘同志拜年！

您2月10日来信及附《香港传真》NO.99·3都收读。我几年前就认为社会科学的基础理论中除了马克思创立的政治经济学和后来兴起的生产力经济学，还应该有一门专讲金融与经济运行的金融经济学（这不是讲金融业操作的金融学）。但已多年尚未见有具体成果，您见到过金融经济学的研究成果吗？如有，请告。

对"知识经济"一词我早就向您说过不赞成；辩证唯物主义认为人要改造客观世界必须首先通过实践对客观世界有一定认识，即知识，所以经济向来是知识经济。今天炒得火热的"知识经济"，按邓小平"科学技术是第一生产力"的论断，实是"科技经济"。不但今天兴起的第五次产业革命，信息产业化，是科技经济，即将来临的第六次产业革命，农业与加工销售一条龙经营，也是"科技经济"。

在航天总公司分成两个公司的变动中，710所留在中国航天科技集团公司中吗？

您们的国家自然科学基金项目得到通过，即将开始工作，可喜可贺！

此致

敬礼！

钱学森

1999年2月16日

21世纪的产业必须服从世界趋势，
走新产业革命的道路

中共中央办公厅：

我在8月11日收到中办发［1999］27号文件，13日又得知要我对《中共中央关于国有企业改革和发展若干重大问题的决定（征求意见稿）》的意见向您们报告。谨作答如下：

（一）国有企业是我国的主导企业，它关系到我国产业的盛衰，我们要国有企业带头走向21世纪。

（二）21世纪的产业必须服从世界趋势，走新产业革命的道路。我们正在走向第五次产业革命：信息化产业革命。（第一产业革命发生在刀耕火种时代，导致奴隶社会的出现；第二次产业革命发生在人们生产是为了交换需要，出现了商品及商产，导致封建社会的出现；第三次产业革命发生在人们引用机械动力进行生产，大大提高了生产力，导致了资本主义社会的出现；科学技术的再进一步提高生产力，国际贫富差别拉大，导致了帝国主义社会的世界局势，这是第四次产业革命）

（三）现在已见苗头的是农业的工业化生产，传统的第一产业走向消失，服农也成为农产业的一部分了，农场要机器耕作收割作物，化肥、种子也是工厂生产的。我国部分地区已出现这种农、工一体化的新农业——工业化的农业。这是第一产业转化为第二产业了。这是绿色农业革命的道路。此外还有在海洋中搞海水养殖的蓝色农业和微生物生产养殖的白色农业。这是包建中研究员提出的工业化农业。第六次产业革命。

（四）我们现在在中华人民共和国讨论国有企业改革和发展必须慎重考虑这些问题：已经来临的第五次产业革命和即将来临的第六次产业革命。

此致
敬礼！

钱学森

1999年8月15日

生物工程和生物技术是21世纪的一项重大科技革命

杨波董事长：

您1999.10来信收到。

首先我要对您创办北京圆明园学院和几年来所取得的成绩表示祝贺。学院以"发展人类教育，提高民族素质，济困扶贫，为社会培养合格人才"为方针是完全正确的，是符合党和国家"科教兴国"方针的，我深表支持。

您要我为学院题词，这使我为难，因为我多年从不做题词之类事，不能开此先例，请您谅解。

但我对您办学有一点建议，请考虑：我认为，生物工程和生物技术是21世纪的一项重大科技革命，其影响将会超越生物学本身，我称之为人类社会的"第六次产业革命"。而且，生物工程的成果直接影响到农业，对于我国扶贫事业及进而发展现代化农业有直接的意义，所以我建议北京圆明园学院增设生物工程专业。

以上建议不知妥否，请参考。

此致

敬礼！

钱学森

1999年10月26日

关于西部发展沙产业和草产业给江泽民总书记的信

（摘选）

江总书记：

我过去在搞"两弹一星"试验时，常去西北地区（包括甘肃、新疆、内蒙古等）出差，对那里的自然条件、生态环境、经济发展和人民生活的状况是了解的。据我所知，解放后西部地区曾有过两次大的建设，一次是50年代，苏联援建156个项目时，有些重大项目建在西部和西北地区；另一次是60～70年代的三线建设。这两次建设无论从资金的投入，还是从科技的含量和人才的荟萃等方面来看，其水平和力度都是相当可观的。这些建设虽然推动了西部的发展，但并未从根本上改变西部地区的落后状况。究其原因，我认为是这些建设并未和西部的经济基础，即农业的发展结合起来。所以，其结果是少数工业项目上去了，但广大农村和广大人民仍然是贫穷落后的。所以我感到，西部的开发虽然是全面的、综合的，但仍然要以农业的发展为基础。只有这样，才能从根本上改变西部地区的贫穷落后状态，也才能改变西部地区的生态环境。

然而，要搞好西部的农业，我想也应该有新的思路。因为西部，特别是西北部地区，其自然条件与东部和中部地区有很大差别。所以不能用东部和中部搞农业的传统办法和常规手段去抓西部农业，将来的西部农业也不可能是现在东部农业的翻版。例如在西北地区，垦荒种地、引渠灌溉的结果是使地下盐碱上升到地表，造成环境的恶化。

怎样才能使西北地区的农业走出困境？我想，西北地区是大片的戈壁沙漠，大约有16亿亩，和我国农田面积差不多。戈壁沙漠干旱少雨，但干旱少雨的另一面是阳光充沛。这是西北地区农业发展的不利和有利条件。问题是我们过去对不利条件看得重，故侧重于"治理"，搞植树防沙、堵沙等。这是对的，也有成绩，但有点消极。对阳光充沛这样的有利条件，则没有注意从积极的方面去利用和开发。1984年，我基于对高科技农产业的理解，结合西北地区的特殊情况，提出了在我国西北地区要建设沙产业、草产业和林产业的观点。林业和林产业在西部地区大开发中的作用和意义大家都比较明确，所以今天我要重点向您反映沙产业和草产业的问题。

什么是沙产业？沙产业就是在"不毛之地"的戈壁沙漠上搞农业生产。充分利用戈壁滩上的日照和温差等有利条件，推广使用节水技术，搞知识密集型的现代化农产业。这是完全可能的。国际上以色列比我国西北地区的自然条件更恶劣，但他们在沙漠上开发了现代化的农业，且经济效益十分可观。我国甘肃省的张掖地区从1994年开始试搞沙产业，在实践中创造了"多采光、少用水、新技术、高效益"的沙产业技术路线，并取得很大成绩，粮食自给有余，蔬菜瓜果东运销售并出口，还带动了一批加工企业的发展。由此我认为，我们在西部开发中，首先要转变关于西部沙漠的思维定势，看到沙漠上也有搞农业的有利条件。所以不仅是"治理"，更重要的是"开发"，将治理蕴含于开发之中，这就是我提出开发沙产业的指导思想。张掖地区的一套经验和做法如果推广到整个西北地区，甚至包括高寒的西藏和新疆地区，其前景将是非常可观的。

关于草产业，同样有一个转变观念问题。我们对农业可以说经历了千百年的精耕细作和改良品种。而对于草，则完全是粗放式的。我们在草的改良和种植上下过多少大功夫？要知道，我国有大约43亿亩草原，是农田面积的近3倍，但每亩产值还不到一元钱。为什么会这样？因为我们过去的畜牧业，从总体上说，是重牲畜的饲养而轻牧草的发展。如果我们像搞农业那样，加强对牧草的科学研究和开发，引进优良草种，精心种植牧草，防治自然敌害，改进以牧草为基底的饲料加工技术等，那么，我相信，我国的畜牧业将会有一个大发展，为全国人民提供丰盛的肉蛋白。这就是我提出草产业的指导思想。当然草产业不光是西北省区的事，即使在西南和全国其他省区，也有大量山坡不宜农耕，要退耕还林，或退耕还草。适宜植树的植树，适宜长草的种草，不能一刀切。

我们在21世纪实施西部大开发战略，自然起点要高。所以我提出的林产业、沙产业和草产业，都强调是知识密集型的，要把现代科学技术，包括生物技术、信息技术都用上。而且一开始就搞产业化，形成生产、加工和销售一条龙，并注意综合利用。这种高技术产业化的农业，实际上已和工业及经贸、服务等第三产业结合起来了，所以可以做到对农业生产实行工厂化管理。由此发展起来的小城镇，已大大缩小了工农之间以及城乡之间的差距。这也是我过去说的信息技术革命和生物技术革命所带来的必须成果。按照这种思路发展的结果是，我国西部地区不仅将摆脱贫困，而且将在21世纪的中后期，迈向共产主义的康庄大道。

这样的任务当然是长期而又艰巨的，可能要经过几代人的努力。但"两弹一星"的实践使我深信，在中国共产党的坚强领导下，依靠广大人民群众，包括科学家和工程技术人员，我们一定能够克服各种困难，用"两弹一星"精神和经验，把祖国的西部建设成繁荣昌盛的家园。

此致
敬礼！

钱学森

2000年3月28日

东达蒙古王集团是在从事我国
西北沙区21世纪的大农业

赵永亮、郝诚之同志：

您二位2001年5月20日给我的信和"关于内蒙古东达蒙古王集团在库布其沙漠实施沙柳综合利用产业化工程"的材料我都看到了，非常感谢！

看了您们的材料，我认为内蒙古东达蒙古王集团是在从事一项伟大的事业——将林、草、沙三业结合起来，开创我国西北沙区21世纪的大农业！而且实现了农工贸一体化的产业链，达到沙漠增绿、农牧民增收、企业增效的良性循环。我向您们表示祝贺，并预祝您们今后取得更大成就！

此致
敬礼！

钱学森

2001年5月30日

沙产业和草产业，这是内蒙古新的经济增长点

中共内蒙古自治区党委副书记杨利民同志

内蒙古自治区政协副主席夏日同志：

喜闻内蒙古自治区沙产业草产业协会成立。我认为，这是内蒙古自治区贯彻落实十六大精神，全面建设小康社会的一项重大举措。对此，我谨表示热烈祝贺！

江泽民同志在十六大报告中讲到西部大开发问题时提出："积极发展有特色的优势产业。"内蒙古的优势产业是什么？我认为就是沙产业和草产业，这是内蒙古新的经济增长点。只要内蒙古的同志紧紧抓住了这两大产业，真正建设成知识密集型的沙产业和草产业，内蒙古的社会主义现代化建设就会迈上一个新的台阶，内蒙古的生态环境也会得到改善。

最后预祝大会成功！

此致

敬礼！

钱学森

2002年12月18日

21世纪要遵照新草原法保护好草原，更要运用现代科学技术建设好草原，真正建成知识密集型草产业

李毓堂同志：

3月1日我国实施新的草原法，你们在此时召开21世纪首届中国草业系统工程理论与技术学术研讨会，我谨表示热烈祝贺。

我于1984年提出创建知识密集型草产业的观点，至今快20年了。这个观点有幸得到草业界学者的赞同，你们将系统工程的理论和方法运用于草业，即提出了一些新的草业学术思想，又进行了成功的试点，取得了可喜的成绩。

我想，在新世纪，我们要遵照《中华人民共和国草原法》的规定，不仅要保护好草原，更要运用现代科学技术建设好草原，真正建成知识密集型的草产业。

我因年迈体弱，不能参加会议，谨以此信，祝大会成功！

此致

敬礼！

钱学森

2003年3月7日

发展草产业要靠年青一代，
要调动社会力量，共同发展草产业

草业系统工程专业委员会举办草产业理论发表二十周年学术论坛，及实践成果经验交流会，我年纪大了，不能出席会议，请告李毓堂同志，我祝大会成功。

我的思想能在社会主义建设中发挥作用，我就满足了。

发展草产业要靠年青一代。这次会议有企业家参加很好。发展草产业仅靠国家投资不行，要调动社会力量，共同发展草产业。

（2004年3月23日，钱学森秘书涂元季在大会上传达钱老致信）

第二篇　钱学森草产业理论探索

作者与钱永刚（右一）

第一章　认识草地、草原和草业、草产业

第一节　草地、草原

　　草地，顾名思义，凡是长草的地方就叫草地。草原是地球表层地形地貌的一个单元，是一种重要的植被类型，一般是指集中连片的大面积、大范围、独立成规模的自然草地。应该说无土不长草。除了大草原草地外，农区、林区草地及南方草山、草坡草地，都分属于农区、林区草地。钱学森院士把草原同农区、林区、海域和沙区，按照其主要生产活动，划分为五大农业类型区，每个类型区内也会有其他类型区的零星生产活动，但也只属于所属类型区的零星片区。

　　草业科学界对草地和草原的概念分农学范畴和植被学范畴。农学范畴的草地定义：主要生长草本植物，或兼有灌木和稀疏乔木，可以为家畜和野生动物提供食物和生产场所，并可为人类提供优良生活环境及牧草和其他多种生物产品，是多功能的土地——生物资源和草业生产基地。在一般情况下，草地是草原的同义词，有细微差别是草地隐含人工管理成分较多并有所认知的具体某些草地。草原草地多泛指大面积和大范围的天然草地。

　　植被学范畴的草地定义：草地是各种天然草本植被类型的总体，包括草原、草甸、沼泽等。草原是一种重要的植被类型。根据层片结构，

可以将草原划分为草甸草原、典型草原和荒漠草原3个植物类型。

草地资源是指在一定范围内草地总面积及其所蕴藏的生产能力，是有数量、质量和地理分布的草地。

20世纪80年代，全世界草地面积约1000亿亩，占全球土地总面积的51.88%。我国草地资源非常丰富，草地占国土面积的41%多，占世界草地面积的12%，仅次于澳大利亚，居世界第二位，其中大草原43亿亩（钱学森院士当时所用数字）。

按照草地分类原则，我国草地划分为8个大类、16个亚类、53个组、824个草地类型。仅天然草地上分布的饲用植物就有67041种。其中，豆科牧草139属1930多种，禾本科牧草190属1150多种。草地上有名贵中药材和珍贵经济植物数百种。草地是天然的植物基因库，有动物2000多种。其中，草食家畜150多个品种，马35个品种，牛46个品种，羊46个品种，骆驼3个品种，兔4个品种，还有国家一、二类珍稀保护动物，如羚羊、白唇鹿、野驴、野牦牛、马鹿、雪鸡等数十种。

草地上蕴藏的水资源、风能资源、日光能资源，奇特的地质地貌和自然景观及地下矿藏，还有极为丰富的文化资源，都有很高的开发利用价值和经济潜力。

一、草地的作用

草地包括草原，首先它是土地资源，是国土资源的重要组成部分。草地是草业的载体，草原是草产业的基础。土地及其生产的以草为主的植物，在生态、经济、社会、碳汇和文化领域的作用和地位十分重大，不可替代、不可或缺。

（一）农业是国民经济的基础，草地、草原是这个基础的重要组成部分。钱学森院士说，重视、建设、利用草原是内蒙古的大事，是国家的大事，是我国社会主义建设的大事，是关系子孙后代的大事。

（二）草原是广大牧区、半农半牧区发展畜牧业最经济、成本最低的主要饲草料来源。

（三）牧区是我国部分少数民族聚居区，草原是牧民主要的生产生活资料，是各民族共同繁荣发展和共同富裕的重大财富资源。

（四）草原畜牧业是发展我国食品、饲料、纺织、制革、制药、有机肥等轻化工业及对外贸易的重要原材料资源生产基地，是改善我国人民食物结构、提高人民营养状况、增强公民体质、建设健康中国、实施大健康的战略食物基础。

（五）草原是生物多样性的基因库，有大量植物、动物和微生物种群。

（六）草地是缓解温室效应、调节气候的重要生态环境。据介绍，每公顷草地可吸收二氧化碳900千克，比生长一立方米木材多吸收二氧化碳550千克；草地比空旷地的湿度高20%左右；夏季气温比裸地低3℃~5℃，冬季高6℃~6.5℃；草地上大量的植物残体，经过腐烂分解形成大量有机物微粒和碎屑，这些微粒碎屑散布在大气中，形成生物源冰核，它在空气中大量聚集可促成大气降水。

（七）草地是防风固沙、保持水土的"绿色卫士"。生长3~8年的林地拦蓄地表径流水的能力为34%，而生长2年的草地拦蓄能力为54%；林地和草地减少地表径流含沙量分别为37.3%和70.3%，草地比林地拦蓄径流的能力和减沙能力分别是58.5%和88.5%。据美国艾奥瓦州的测定显示，多年生草地上土壤侵蚀的程度比玉米地要小很多，玉米地每公顷土壤侵蚀高达67.3吨，而管理良好的无芒雀麦草地仅为0.67吨。我国白城地区测定，每年水土流失量，玉米地为1.4吨、棉花地为1.9吨、灌丛草地为0.05吨，一般草地比农田保持水土高28~38倍。

（八）改良土壤、培肥地力。种草肥田是改良土壤最有效、最经济的措施之一。豆科牧草根系上的大量根瘤菌可固定空气中的游离氮类并被植物直接吸收。草本植物庞大的根系和枯枝落叶是土壤中有机质的重要来源，对于改良土壤理化性质，促进土壤团粒结构的形成有重要作用。研究表明，生长3年的紫花苜蓿草地平均每公顷含氮素150千克，相当于330千克尿素的含氮量，苜蓿根系中含氮2%、含磷0.7%、含钾0.9%、含钙1.3%，比谷类作物高3~7倍。

（九）净化空气、美化环境。草地吸碳放氧、吸尘减噪。据测定，草地滞留尘埃能力比裸露土地高70倍，铺草坪的足球场比不铺草坪的尘埃量可减少60%~80%。草地可释放负氧离子，每平方厘米草地高者可释放200~1000个，低者40~50个左右，城市草坪被称为空气净化器、尘埃过渡器、噪声消声器。像多年生黑麦草和狼尾草有抗二氧化硫的能力。

（十）孕育、积淀和发展了深厚的草原文化。各族人民在草原上生产生活，从狩猎到驯养动物为家畜，从逐水草而居到定居，从靠天养畜、任由自然摆布的生产生活到逐步认识自然、顺应自然、建设养畜的过程中，创造了丰富多彩的地区文化，如饮食、服饰、建筑、交通、文学、艺术等，草原也为人民群众休闲旅游提供了良好的条件。

二、草原的特征

（一）面积大，集中连片，分布广，类型多，自然条件复杂，地域差异大。

（二）功能多。至少有五大功能：一是生态功能，二是经济功能，三是生物多样性功能，四是碳汇功能，五是社会服务功能。

（三）自然生产，可再生、更新快，蕴含着巨大的生物潜力。每年我国草地饲草植物生物量约22亿吨。

（四）承载资源多样丰富，社会利用成本低，综合效益高。

（五）受自然、社会因素影响大，草产品被动消耗，稳定性差。

（六）绿色、干净、无污染。

三、草原的功能

（一）生态功能。保持水土、美化环境、调节气温、净化空气，是自然界能源流动、物质交流的重要枢纽。

（二）经济功能。吸收阳光能源，持续生产牧草和其他植物资源，通过食草动物，特别是畜禽，形成生物链、人类食物链、供应链、财富链、草产业链。草原还有丰富的矿产资源和风光热资源。

（三）生物多样性功能。草原是植物、动物和微生物生存繁衍的主要场所和载体。

（四）碳汇功能。吸碳放氧，吸收和储存碳汇。

（五）社会服务功能。自然和人类是共生体，有了人类以来，草原就有了自然和社会双重属性。在与人类长期共生共存中，形成了丰富独特的人文环境，同时广阔苍茫的草原自然风光，为人类社会提供了极为美好的生产生活环境和休闲旅游条件。

四、我国草原存在的问题

20世纪八九十年代，我国草原存在的问题比较多且较严重。这引起战略科学家钱学森院士的高度关注。因为草原土地、草及畜牧业是一个共生体，而且草原的价值就是草原上的生物价值，所以谈草原问题就是谈与草原生态等功能及草、畜牧业有关的问题。

（一）草原严重退化。我国草原畜牧业一直以来是传统的逐水草而牧而居的游牧畜牧业。新中国成立后，党和政府不断号召和帮助牧民定居放牧，同时在牧区实行"稳长宽"政策，有利于畜牧业经济的发展，很快出现了人畜双旺局面。这也产生了盲目乐观、忽视草原及草原畜牧业的生态脆弱问题。传统生产经营管理方式，使不少人形成了认识误区和保守思想。重农轻牧、重畜轻草，尤其是对草原和草原畜牧业的认识误区和保守思想最突出。在较长的一段时间内，草不成业，草无学科，草不被重视。2000—2009年，"草原生态持续恶化，全国约90%的天然草原不同程度退化……若尔盖全县有可利用草地面积978万亩，目前严重退化草地已达430万亩，沙漠化草地面积已达70万亩，而且每年仍在以10%的速度递增……玉树退化的草场面积已经达到54%，整个草场水土流失面积达到46%，沙化面积每年以7.6万亩的速度在扩大。"（《人民日报》2011年8月10日刊发张毅文章《大美草原新抉择》）草原退化、草原生态恶化是传统草原畜牧业生产经营管理方式造成的必然结果，特别是干旱半干旱荒漠草原，除非增加降水和人为建设，对其进行保护和合理利用。实际情况是草原降水减少，地下水位下降，人为管护建设不力，利用不合理，超载过牧等。

（二）典型的"五无"行业。在2018年国家林业与草原局成立前，一无独立的管理部门，只在农业部设了一个畜牧局，下设一个草原处，十多位工作人员，一个处长，管着60亿亩草地；二无草业规划；三无财政预算，因此没有专项资金对其进行保护、建设及科学合理利用；四无较多的科研机构；五无理论指导，因而在实践中极易发生盲目性。同时，人们普遍缺乏相关知识。

（三）草原生产经营粗放。草原畜牧业传统的散放方式，使草原生产效益低、产值低，主要表现在单位草原面积提供的畜产品数量低，不及美国同类草地产值的1/20。钱学森院士对不重视草业的原因进行分析，说："当然，事物总有其所以然的缘故。不重视草业是因为它的产值很低，所以就附带着包括在农业中了，不值得单独列出。据周惠同志讲（见《红旗》杂志，1984年第10期，6页，《谈谈固定草原使用权的意义》一文），在我们内蒙古自治区，一共有13亿亩草原，而从1947年—1983年这37年中，畜牧累计产值100多亿元。折合每亩草原年产值才0.2元多，这的确比每亩农田的年产值小得多，只值个零头！但这是草业'命里注定'的吗？不能用现代科学技术去改变吗？不是有新技术革命吗？我想如果我们下决心抓草业。即使不能使一亩草原的产品，经过综合加工生产，其产值赶上一亩农田，但也决不只是个零头，达到几分之一总是可以的吧？"[1]

（四）草原三大矛盾加剧。草原上水草畜人四大要素中的水草、草畜、畜人三大基本矛盾日趋加剧。改革开放后，牧民发展生产，增加收入，脱贫致富的积极性空前高涨，而其生产、增收、致富的主要门路是增加畜牧业存栏头数。畜牧业头数受草的限制，草受水和生长时间的限制，水受气候条件的限制，生长时间受自由放牧的限制。因此，三对矛盾关系成了恶性循环，草原退化，气候恶化，牲畜产能低化，牧民贫穷化。

（五）没有国家专门管理机构。钱学森院士着急得不行，向国务院分管领导写信，建议设立国务院草业局。钱老说："任继周教授年初给我来信，说我们的草原正加速走向毁灭；接着中国科协开常委会，请了几位荣誉委员出席，这里面有农业科学家杨显东同志，他是农业部的老副部长，讲到草原破坏，他激动了，说我们简直不像话，再不抢救，真是罪过。我想，在我国要把草业搞起来，就要有专门的管理机构。农业部设草业局也解决不了问题，农业部太大，他们要操心的事太多，实在忙不过来，所以，一定要在国务院单独设置机构，我给国务院领导同志写信建议成立国家草业局，这条建议我不改变。"[2] "现在国家有农牧渔业部、林业部，可没有草业部，而我国草原面积是农田面积的3倍，一共有约43亿亩，怎么能忽视草业呢？"[3]

第二篇　钱学森草产业理论探索

---

[1] 顾吉环，李明，涂元季.钱学森文集（卷三）［M］.北京：国防工业出版社，2012：305—306.

[2] 李毓堂.草业——富国强民的新兴产业［M］.银川：宁夏人民出版社，1994：406.

[3] 顾吉环，李明，涂元季.钱学森文集（卷三）［M］.北京：国防工业出版社，2012：305.

第二节 宏观草业概念

关于草业，1984年6月28日《内蒙古日报》科技版发表了钱学森院士的《草原、草业和新技术革命》。这是关于草业的首篇论文。他说："1983年秋胡耀邦同志在西北视察，提出在甘肃省等西北地区要因地制宜，发展农业生产要首先种草种树。这个号召给我很大启发，使我认识到农业还有得从种草做起的地方。后来又读了几篇文章，都谈到种草的重要性。有的还提出，在农业和林业之外，还有一个草业。也就是利用草原，让太阳光合成以碳水化合物为主的草，再以草为原料发展畜牧业及其他生产。"钱老对草业的提法还有很多，如1984年7月27日，内蒙古党委政研室《调研信息》刊登的《创建农业型的知识密集产业——农业、林业、草业、海业和沙业》（以下简称《创建》）征求意见论文稿中开始提的也是草业。文中还提到"再一类农业型产业是草原经营的生产，这可以称为草业"。他也说过草业也就是草产业。我理解草业是草产业的初级阶段。钱老明确说："但我国目前草原的经营利用十分粗放，效益很低；据周惠同志的文章，从1947~1983年这37年中，内蒙古自治区的约13亿亩草原，畜牧累计产值才100多亿元，折合年亩产值只0.2元多，比每亩农田的年产值的确小得多。但利用科学技术把草业变成知识密集的产业以后，这个状况是可以改变的。"[1]对草业概念，任继周院士主编的《草业大辞典》中详细定义为"草业又称草地农业。以草地资源为基础，从事资源保护利用、植物生产和动物生产及其加工经营，获取

---

[1] 上海交通大学.智慧的钥匙——钱学森论系统科学［M］.上海：上海交通大学出版社，2005：263.

生态、经济和社会效益的基础性产业"。钱老指出："我们应该区别草业与草产业。现在大家只是把畜牧业扩大到草业，看到草及饲料生产的重要性了。但离知识密集型的高度综合、多种经营的草产业还有很大的距离，我想草产业在我国40亿亩~60亿亩草原、草地上的实现，大概是21世纪的事了。"[1]

草产业是农产业的一个组成部分，是农产业概念中部分内容的具体化。什么是农产业？钱老说："这是什么意思？农业型的产业是指像传统农业那样，以太阳光为直接能源，靠地面上植物的光合作用来进行产品生产的体系。""其特点是以太阳光为直接能源，利用生物来进行高效益的综合生产，是生产体系，是一种产业。"[2]"产业就是高度综合的生产系统了。"[3]"当时作为全部的农业型知识密集产业，即首先是通过生物利用太阳能的产业，我提了五项：农业、林业、草业、海业和沙业，我的概念是通过利用全部科学技术的系统工程，综合利用（包括产后加工利用）。假如这五个产业都实现了，我认为将又是一次产业革命，它的出现可能是在21世纪。"[4]

关于草产业概念。"到了1984年初，读到关于内蒙古自治区草原问题的材料……所以在当时就写了一篇文章，讲草原的开发，提出草产业这个概念。什么叫草产业？当时想，农业要发展，农业发展的潜力也很大，农业是什么特点？基本上是靠太阳光照在地面上的能量，我们要利用这个能量。怎么利用呢？通过生物来利用。草原也是如此，通过生物

[1] 《钱学森书信选》编辑组.钱学森书信选（上卷）[M].北京：国防工业出版社，2008：373.

[2] 上海交通大学.智慧的钥匙——钱学森论系统科学 [M].上海：上海交通大学出版社，2005：261.

[3] 顾吉环，李明，涂元季.钱学森文集（卷四）[M].北京：国防工业出版社，2012：164.

[4] 顾吉环，李明，涂元季.钱学森文集（卷六）[M].北京：国防工业出版社，2012：179.

利用后，后面的工作就可以大大发展，而且可以种草养畜。种草为什么不可以运用科学方法提高产量和质量？完全可以嘛！所以根据这一概念，将现代科学技术全部用到草原上来发展草原的产业。这是一种知识密集型的、运用系统工程的综合利用产业，所以叫草产业。"[1]

"什么是知识密集型的草业产业？我的意思是：以草原为基础，利用日光能量合成牧草，然后用牧草通过兽畜、通过生物，再通过化工、机械手段，创造物质财富的产业。产业就是高度综合的生产系统了，要利用一切可以利用的现代科学技术，也不限于生态系统，不限于生物，还有机械加工，化工生产。"[2]

"草产业的概念不仅是开发草原、种草，还包括饲料加工、养畜、畜产加工。"[3]

"不是我所说的农业型草产业，即宏观草业。宏观草业或草产业是在大草原发展的以草为基础的综合其他种植、养殖、加工的大产业，将来会在内蒙古等地出现。"[4]

第三节　微观草业也很重要

钱学森院士指出："按国家草原法的意思，草原包括草山、草坡、

---

[1] 顾吉环，李明，涂元季.钱学森文集（卷六）［M］.北京：国防工业出版社，2012：179.

[2] 顾吉环，李明，涂元季.钱学森文集（卷四）［M］.北京：国防工业出版社，2012：164.

[3] 《钱学森书信选》编辑组.钱学森书信选（上卷）［M］.北京：国防工业出版社，2008：536.

[4] 《钱学森书信选》编辑组.钱学森书信选（上卷）［M］.北京：国防工业出版社，2008：216.

草地。那就不只是43亿亩了，全国大概还有13亿亩草山、草坡、草地，它们是在农区和林区的草业生产基地。从我说的农业型知识密集产业概念来看，这些草业是附属于农业产业和林业产业的，是两种农业型产业的一部分。这些单位的规模也许比不上上述草业产业宏伟，但它们同今天已经发展起来的农业和已经起步的林业（见《经济参考》1985年5月7日第2版浙江宁波四明山林场的报道）联在一块，经济和技术条件比较好，进步会更快些。它们走在前面了，也为建立大规模的草业产业提供一些宝贵的经验和技术。"[1]

"当然草产业不光是西北省区的事，即使在西南和全国其他省区，也有大量山坡不宜农耕，要退耕还林，或退耕还草。适宜植树的植树，适宜长草的种草，不能一刀切。"[2]

"您在文章所谈的草业似为农产业中的种草，以促使综合发展，所以可以说是微观草业……微观草业当然也很重要，您的文章讲得很清楚，但这是农牧渔业厅管的，自然这方面工作也就归他们领导了。"[3]

钱学森是希望地处农区、林区的草地，因为分别由农业、林业部门管辖，这两个部门比较受重视，有资金，还有人才，应该先发展起来，为大草原草产业提供经验。但实际上，重农轻牧、重畜轻草现象还是存在。靠役畜耕种的地区，役畜受重视、受保护。至于肉畜，是由农民自己决定养殖的。实践证明，凡是经营农畜的农牧户，虽然劳累一些，但因为有粪肥，粮食产量高、质量好，牲畜除了自食自用外，畜产品也可以出售，收入多，日子过得很好；凡是搞单一种植的农牧户，就比多种经营的农牧户收入低。在内蒙古，人均土地相对多一些，除耕地外也有

[1] 顾吉环，李明，涂元季.钱学森文集（卷四）［M］.北京：国防工业出版社，2012：165.

[2] 甘肃省沙草产业协会，中国治沙暨沙业学会，西安交通大学先进技术研究院.钱学森宋平论沙草产业［M］.西安：西安交通大学出版社，2011：39.

[3] 《钱学森书信选》编辑组.钱学森书信选（上卷）［M］.北京：国防工业出版社，2008：216.

一定的草地（过去我们错误地叫荒地），稍微辛苦点，将农作物秸秆、林木的枝叶等进行加工，如青储、氨化、碱化或切碎，养几十只小畜，既改善生活条件，还可以多施有机肥，提高粮食产量，增加收入，何乐而不为！

钱学森院士于1993年2月24日写信给山东省禹城县人民政府，提出的四点意见，就为农村山区发展经济、脱贫致富指明了方向，有普遍意义。他说："中国科学院李振声副院长把你们2月6日写给他的《关于农区发展畜牧业的情况报告》转给我了，我读后深受启示。下面就讲讲我的几点体会，供参考。

"（一）禹城县在李院长的指导帮助下，走'农牧结合'的路子，的确取得很大的成绩，可喜可贺！问题是再下一步怎么走。

"（二）我认为下一步要考虑在'农牧结合'的基础上再跨一步，走向大农业，加上林、渔、药，即造林网，发展池塘养鱼，种药材。这样再将基础筑得更厚实。

"（三）然后利用生物技术，把废弃物加以充分利用，生产燃料沼气、饲料蛋白等。

"（四）再搞农、工、贸三结合，开设药厂，充分利用农（药）牧产品；也可开设制革厂；畜牧产品加工成袋装上市的成品，日本就利用畜骨磨成'豆腐'，营养良品；我们也可以试试。

"这样搞禹城县就为下一个产业革命做准备了，迎接第六次产业革命！"[1]

信是给县政府写的，是为县政府出谋划策。县政府一是要组织宣传动员，指导农民运用科学技术、利用土地资源，种草、加工农作物秸秆、养畜禽兔、种树、种药材，有水还可以挖池塘养鱼、蟹等；二是要

---

[1] 《钱学森书信选》编辑组.钱学森书信选（下卷）[M].北京：国防工业出版社，2008：746—747.

为农民种养出来的产品搭平台、找出路、搞服务，办工厂加工、建市场、做销售。这样做的结果是农民富了、农业活了，政府有了税源，干部有了政绩，干部群众的素质提高了，还有一个更大的意义是为国家的农业产业革命，即第六次产业革命做积极贡献。

钱学森草产业理论及他的希望和建议，对农区、林区、山区的发展有极大意义。

（一）农区、林区、山区的草地草坡是微观草业，不是以大草原为基础的宏观草业，但讲的是"草业"，是"业"，所以要立草为"业"，以"业"经营。不宜农耕的，一是造林，选择有经济价值的乔、灌树种，形成产业；二是种草，养畜；三是种药材。向草地要肉蛋奶，要有机粪肥，要粮棉油，要经济效益。

（二）西南山区的宜草山坡与农林区的草地草业，将农作物秸秆和林木枝叶进行充分利用，几业结合，经过努力、实干，也可以建成知识密集型的草产业。

（三）草产业理论及其做法，都适用于农区、林区、沙区、草山、草坡、草地草业的建设，收草、种草、养畜，农草畜林多业结合，搞多种经营。

（四）当地政府一要宣传动员群众，让群众知道草产业的理论、建议；二要帮助农民创造条件，提供科学技术指导、机械及人员培训等服务；三要为农民搭建产品的加工、销售平台。

（五）这样做的结果是农民富裕了，农业发展了，农村搞活了，乡村振兴了。

作者在鄂尔多斯市达拉特旗风水梁镇东达集团的工厂进行考察

第二章　草产业战略理论

第一节　西部草产业指导思想

2000年3月28日，关于西北地区发展问题，钱学森在给江泽民总书记的信中讲道："1984年，我基于对高科技农产业的理解，结合西北地区的特殊情况，提出了在我国西北地区要建设沙产业、草产业和林产业的观点。林业和林产业在西部地区大开发中的作用和意义大家都比较明确，沙产业和草产业的问题，则需要加大宣传力度。"[1]

一、提出沙产业、草产业、林产业的理论思想和背景

钱学森院士说："我过去在搞'两弹一星'试验时，常去西北地区（包括甘肃、新疆、内蒙古等）出差，对那里的自然条件、生态环境、经济发展和人民生活的状况是了解的。据我所知，解放后西部地区曾有过两次大的建设，一次是50年代，苏联援建156个项目时，有些重大项目建在西部和西北地区；另一次是60~70年代的三线建设。这两次建设无

---

[1]　顾吉环，李明，涂元季．钱学森文集（卷六）［M］．北京：国防工业出版社，2012：413．

论从资金的投入，还是从科技的含量和人才的荟萃等方面来看，其水平和力度都是相当可观的。这些建设虽然推动了西部的发展，但并未从根本上改变西部地区的落后状况。究其原因，我认为是这些建设并未和西部的经济基础，即农业的发展结合起来。所以，其结果是少数工业项目上去了，但广大农村和广大人民仍然是贫穷落后的。所以我感到，西部的开发虽然是全面的、综合的，但仍然要以农业的发展为基础。只有这样，才能从根本上改变地区的贫穷落后状态，也才能改变西部地区的生态环境。""西部，特别是西北地区，其自然条件与东部和中部地区有很大差别……例如在西北地区，垦荒种地、引渠灌溉的结果是使地下盐碱上升到地表，造成环境的恶化。""西北地区是大片戈壁沙漠，大约有16亿亩，和我国农田面积差不多。""我国有大约43亿亩草原，是农田面积的近3倍，但每亩产值还不到一元钱。为什么会这样？因为我们过去的畜牧业，从总体上说，是重牲畜的饲养而轻牧草的发展。"中国的八大沙漠、四大沙地都在西部。内蒙古还形成了一个大沙漠、一个大沙地。43亿亩草原，基本在西部地区。这就是西部的农业条件和农业基础状况。农村、农业和农民，我们称"三农"。"三农"的根基是什么呢？钱学森院士给了我们一个十分明确的答案，那就是承载农业五大产业的除城市占地外的国土，包括农田土地、林地、草地和沙漠戈壁，即陆地上的山水林田湖草沙。

仅讲"三农"，极易片面地误解为是农田上的"三农"，进而从思想上忽视沙漠、戈壁、草原和森林。而沙漠、戈壁和大草原上不仅有不少人在居住，影响还远超其本身。大草原和沙漠、戈壁至少有60多亿亩，占国土面积的40%多。这么大一片土地及其人民都落后贫穷，那么我们社会主义中国就不能说共同富裕。沙漠、戈壁和大草原基本在西部地区，尤其是钱老用兰州、昆明划分的西部地区，自然条件、生态环境、区域位置都不是很好，因此经济发展状况和人民生活水平基本上处于贫穷落后状态。仅上少数工业项目，"虽然推动了西部的发展，但并未从根本上改变西部地区的落后状态"，"广大农村和广大人民仍然是贫穷落后的"。西部地区的开发虽然是全面的、综合的，但仍然要以农业（包括沙漠、戈壁、大草原、盐碱地）的发展为基础。只有这样，才能从根本上改变西部地区的贫穷落后状态，也才能改变西部地区的生态环境。

二、西部地区需要建设沙产业、草产业和林产业

关于沙产业。为了完整理解钱学森院士关于西部农业发展的思想，我在这里多加了一段钱学森沙产业的指导思想。他讲："西北地区是大片的戈壁沙漠，大约有16亿亩……但干旱少雨的另一面是阳光充沛，这是西北地区农业发展的不利和有利条件。问题是我们过去对不利条件看得重，故侧重于'治理'，搞植树防沙、堵沙等。这是对的，也有成绩，但有点消极。对阳光充沛这样的有利条件，则没有注意从积极方面去利用和开发……什么是沙产业？沙产业就是在'不毛之地'的戈壁沙漠上搞农业生产，充分利用戈壁滩上的日照和温差等有利条件，推广使用节水技术，搞知识密集型的现代化农产业。这是完全可能的。国际上，以色列比我国西北地区的自然条件更恶劣，但他们在沙漠上开发了现代化的农业，且经济效益十分可观。我国甘肃省的张掖地区从1994年开始试搞沙产业，在实践中创造了'多采光，少用水，新技术，高效益'的沙产业技术路线，并取得很大成绩，粮食自给有余，蔬菜瓜果东运销售并出口，还带动了一批加工企业的发展。由此我认为，我们在西部开发中，首先要转变关于西部沙漠的思维定势，看到沙漠上也有搞农业的有利条件。所以不仅是'治理'，更重要的是'开发'，将治理蕴含于开发之中，这就是我提出开发沙产业的指导思想。张掖地区的一套经验和做法如果推广到整个西北地区，甚至包括高寒的西藏和新疆地

区，其前景将是非常可观的。"[1]

钱学森院士关于在西部地区建设沙产业的思想观点，已经形成了一套完整的理论。这个理论将会为解决地球上"人口、资源、环境"三大危机和目前出现的"荒漠化、贫困化、气候变化"三大难题提供科学的方向、路子和办法。钱学森沙产业理论是20世纪伟大的科学发现和科研成果之一，是中华民族对全人类的又一大贡献。

三、草产业的指导思想

钱学森院士讲："关于草产业，同样有一个转变观念问题。我们对农业可以说经历了千百年的精耕细作和改良品种。而对于草，则完全是粗放式的。我们在草的改良和种植上下过多大功夫？要知道，我国有大约43亿亩草原，是农田面积的近3倍，但每亩产值还不到一元钱。为什么会这样？因为我们过去的畜牧业，从总体上说，是重牲畜的饲养而轻牧草的发展。如果我们像搞农业那样，加强对牧草的科学研究和开发，引进优良草种，精心种植牧草，防治自然敌害，改进以牧草为基底的饲料加工技术等，那么，我相信，我国的畜牧业将会有一个大发展，为全国人民提供丰盛的肉蛋白。这就是我提出草产业的指导思想。当然草产业不光是西北省区的事，即使在西南和全国其他省区，也有大量山坡不宜农耕，要退耕还林，或退耕还草。适宜植树的植树，适宜长草的种草，不能一刀切。"[2]

至于林产业，钱老说，大家对林业和林产业的作用和意义都比较明确，提出一条，要看土地适宜种什么，适地适种，主要条件是水和地

---

[1] 顾吉环，李明，涂元季.钱学森文集（卷六）[M].北京：国防工业出版社，2012：412—413.

[2] 甘肃省沙草产业协会，中国治沙暨沙业学会，西安交通大学先进技术研究院.钱学森宋平论沙草产业 [M].西安：西安交通大学出版社，2011：39.

质。草适应性最强，灌木次之。

"我们在21世纪实施西部大开发战略，自然起点要高。所以我提出的林产业、沙产业和草产业，都强调是知识密集型的，要把现代科学技术，包括生物技术、信息技术都用上。而且一开始就搞产业化，形成生产、加工和销售一条龙，并注意综合利用。"[1]

四、发展的结果

"这种高技术产业化的农业，实际上已和工业及经贸、服务等第三产业结合起来了，所以可以做到对农业生产实行工厂化管理。由此发展起来的小城镇，已大大缩小了工农之间以及城乡之间的差距。这也是我过去说的信息技术革命和生物技术革命所带来的必然成果。按照这种思路发展的结果是，我国西部地区不仅将摆脱贫困，而且将在21世纪的中后期，迈向共产主义的康庄大道。"[2]

钱老在论述农业产业革命的其他文章书信中指出：信息技术革命即第五次产业革命和快速发展的生物科学、生物技术，会催生我国的农业产业革命，即第六次产业革命，将在21世纪中后期实现。第五次产业革命将消灭脑力劳动和体力劳动的差别，第六次产业革命将消灭工农差别和城乡差别，同时会消灭在社会主义初级阶段不可避免地会出现的地区差距和贫富差距，实现共同富裕。这就基本具备了开始迈向共产主义康庄大道的社会经济条件。

钱老指出："这样的任务当然是长期而又艰巨的，可能要经过几代人的努力。但'两弹一星'的实践使我深信，在中国共产党的坚强领导

---

[1] 甘肃省沙草产业协会，中国治沙暨沙业学会，西安交通大学先进技术研究院．钱学森宋平论沙草产业［M］．西安：西安交通大学出版社，2011：39—40.

[2] 甘肃省沙草产业协会，中国治沙暨沙业学会，西安交通大学先进技术研究院．钱学森宋平论沙草产业［M］．西安：西安交通大学出版社，2011：40.

下，依靠广大人民群众，包括科学家和工程技术人员，我们一定能够克服各种困难，用'两弹一星'精神和经验，把祖国的西部建设成繁荣昌盛的家园。"[1]

我想在这里对钱学森院士所提"开发"一词的含义稍作一点解释。因为在实践中，有朋友对钱学森院士在沙产业中提出的"不仅是'治理'，更重要的是'开发'，将治理蕴含于开发之中"的"开发"不是太理解，说沙漠沙地就是开发造成的，现在还要开发沙漠？我在学习中体会到，他对农、林、草、海、沙五大农业产业的"开发"是指改造建设，是开发其功能、作用和效益，不是"开垦"，而且要遵循自然规律即地理建设规律。

第二节 长远战略必须要有草产业

钱学森院士指出："党中央很明确的。小平同志也讲，到建国100周年，我国人均产值要达到四千美金，实现这一目标不简单。就是说，既要看到现在，又要看到二十一世纪中叶。这里面的问题很多。如果不重视草产业，我觉得不行，缺了这一块是不行的，我们要有个长远的发展战略。这些战略计划中必须要有草产业，缺这一块不行。如果不重视，每亩草地还是几分钱，将来就后悔莫及了。要搞全面建设。我们是社会主义国家，马克思主义是我们的指导思想。马克思主义是科学的社会主义。是科学，就要看到长远。我们比资本主义强，就要能看到长远。"[2]

---

[1] 甘肃省沙草产业协会，中国治沙暨沙业学会，西安交通大学先进技术研究院．钱学森宋平论沙草产业［M］．西安：西安交通大学出版社，2011：40.

[2] 李毓堂．草业——富国强民的新兴产业［M］．银川：宁夏人民出版社，1994：406.

钱学森院士引用时任全国政协副主席王任重同志在七届全国政协常委八次会议上的讲话："我们不只是看到今后10年到21世纪末的问题，而是看得更远一点，看它100年、几百年、上千年，我们国家到底怎么建设？没有这样的战略考虑，将来对我们的后代贻害无穷，说明我们这些人短见，近视！"对此我完全赞同。钱学森院士曾多次提醒大家，要站得高一点，看得远一点，要看到建党100周年、建国100周年，看到21世纪中叶。

一、要有长远战略

钱学森院士在1984年7月发表文章《创建农业型的知识密集产业——农业、林业、草业、海业和沙业》，正式提出"农业型知识密集产业""农业产业革命""第六次产业革命"的思想。他说："要看到21世纪，看到在我国大地上将要出现的知识密集型农业，从而导致整个国家生产体系和生产组织的变革。"这种农业型的知识密集农业，"以太阳光为直接能源，利用生物来进行高效益的综合生产，是生产体系，是一种产业。""在上面，我简单地阐述了我们称为农业型的知识密集产业，一共五类：农业产业、林业产业、草业产业、海业产业和沙业产业。农、林、草、海、沙之分是以其主要生产活动来定的。""农业型的知识密集产业的创建还不只是这些产业自身的问题，工矿业要跟上，原材料也要跟上，还有交通运输业、信息情报业、教育文化事业，以及商品流通业，城乡建设和生活服务等。所以生产关系也将有很大的调整，这是政治经济学的研究课题了。对生产力的组织，变动就更大了，简直是个大改组，这是生产力经济学要解决的课题。创建五个类型的知识密集产业，涉及到中国的8亿人，总投资大约要几万亿到几十万亿元，资金从何出？怎样利用国际金融资本？这些都是金融经济学的课题。实际问题也还不止上述的三个方面，所以创建农业型的知识密集产业还将大大促进我国社会科学的发展。"

"这难道不是翻天覆地的变化吗？这难道不是我国在公元2000年实现工农业总产值翻两番之后，在21世纪再进一步建设中国式的社会主义，向共产主义迈进吗？"[1]

钱学森院士作为战略科学家，运用马列主义历史唯物主义观点，深刻分析总结人类历史的社会发展规律，揭示科学社会主义走向共产主义的路径，得出了社会主义中国在21世纪中后期将迈向共产主义的结论。他说，大约1万年前，在中国出现的农牧生产是世界历史上的第一次产业革命，导致奴隶社会的出现；大约在3000年前，在中国出现的商品生产是世界历史上的第二次产业革命，导致封建社会的出现；18世纪末、19世纪初，在英国出现的大工业生产是世界历史上的第三次产业革命，导致资本主义社会的出现；19世纪末、20世纪初，科学技术进一步提高生产力，贫富差距拉大，西方发达国家兴起的国家和国际组织体系是世界历史上的第四次产业革命，导致了垄断资本主义社会即帝国主义的世界局势；现在由于生产的技术革命，即信息产业革命，而引起的世界范围的生产变革是世界历史上的第五次产业革命。创立农业型知识密集产业是一次农业产业革命，将是21世纪要在社会主义中国出现的第六次产业革命。钱老指出："产业革命是由生产力发展所导致的生产体系和经济结构的飞跃。所以产业革命的巨大变革既包括生产力，也包括生产关系。当然它也必然影响社会结构，带来社会上层建筑的变化。"[2]钱老说："第六次产业革命是以太阳光为能源，利用生物（包括植物、动物及菌物）和水与大气，通过农、林、草、畜、禽、菌、药、渔、工、贸的知识密集型产业的革命。其社会后果是消灭工业与农业的差别、消灭

---

[1] 上海交通大学.智慧的钥匙——钱学森论系统科学［M］.上海：上海交通大学出版社，2005：269.

[2] 《钱学森书信选》编辑组.钱学森书信选（上卷）［M］.北京：国防工业出版社，2008：92.

城乡差别……"[1] 实现共同富裕。第五次产业革命将消灭脑力劳动与体力劳动差别。与此同时，生命科学、纳米技术、烹饪工业化的发展、人民体质建设引发人类历史上的第七次产业革命。也是第五次产业革命和第六次产业革命的深化。

钱学森院士讲："那么这三次产业革命在21世纪将消灭人类历史上形成的三大差别。这不是在叩共产主义大门了吗？所以在社会主义中国的21世纪，第五次产业革命、第六次产业革命和第七次产业革命结合起来，将引发一次社会革命，新的一次社会革命。"[2] "我们要解放思想、实事求是，认识到这是现代中国的第三次革命！"[3] 第一次是民主革命，是解放生产力的社会革命。第二次是改革开放，是发展生产力的社会革命。第三次是迈向共产主义的康庄大道，是创造生产力的社会革命。

这就是钱学森院士基于对高科技农产业的理解、对中国情况的了解、对中国共产党理想信念和执政能力的信任，并根据马克思主义历史唯物主义和科学社会主义理论揭示的社会发展规律，设定的长远战略。

二、搞全面建设

全面建设是实施长远战略，社会主义建设持续、稳定、协调发展的必要保证。例如，我国东、中、西部地区及青藏高原，海洋和陆地、城市和乡村；产业上的一、二、三产业；农、林、草、海、沙五大产业等，都要全面建设。钱学森院士还提到社会主义物质文明建设、政治文明建设、精神文明建设和地理建设。即使在讲全面建设问题时，钱学森

[1] 《钱学森书信选》编辑组.钱学森书信选（下卷）[M].北京：国防工业出版社，2008：866.

[2] 《钱学森书信选》编辑组.钱学森书信选（下卷）[M].北京：国防工业出版社，2008：866.

[3] 《钱学森书信选》编辑组.钱学森书信选（下卷）[M].北京：国防工业出版社，2008：867.

院士也不忘强调草产业。他对国家畜牧业经济发展第八个五年计划和十年规划提意见说："但也感到文件中对'草产业'的概念不突出。面向21世纪的社会主义中国，一定要开发知识密集型的综合草原草地产业。当然这是一件要用现代科学技术的系统工程，要探索，非一朝一日之功。所以规划和计划中一定要有草产业的试验示范点……"[1]

三、长远战略中必须要有草产业，缺这一块是不行的

钱学森院士特别强调："我们要有个长远的发展战略。这些战略计划中必须要有草产业，缺这一块不行。"[2] 钱老言辞恳切，既是他的感觉，又是结论。那么为什么不行呢？钱老说，在建国100周年，人均产值要达到4000美元目标，这里面的问题很多。我理解：

（一）没有草产业，很多问题解决不了。我国有60亿亩草地，其中草原43亿亩，产值都很低。钱老以内蒙古为例，13亿亩草原，从1947年到1983年这37年中，畜牧累计产值100多亿元，折合每亩草原年产值才0.2元多。当时政府投资每亩草原才几分钱。全国草地占国土面积的41%以上，还有20多亿亩沙漠、戈壁和沙化土地（沙漠、戈壁、沙化土地的治理也离不开林草植被），两项合计80多亿亩，占国土面积的一半以上，且大部分在西部地区。加之，西部地处内陆，气候条件差、干旱少雨、土地贫瘠，一直处于贫穷落后状态。钱学森院士在中国西部地区又划出一个中国西半部，他说："中国的西半部还处于未开发阶段，一旦如中国东部那样发达了，我国人口再加一倍到30亿也不会有困难。"[3] 很显

---

[1] 《钱学森书信选》编辑组.钱学森书信选（上卷）[M].北京：国防工业出版社，2008：608.

[2] 李毓堂.草业——富国强民的新兴产业[M].银川：宁夏人民出版社，1994：406.

[3] 《钱学森书信选》编辑组.钱学森书信选（下卷）[M].北京：国防工业出版社，2008：1052.

然，没有草产业的建设就没有西部地区的发展，西部地区的贫穷落后状态不改变，且不说消灭三大差别，就地区差距和贫富差距都难以缩小。

（二）草产业建设不起来，农业产业革命就不能如期实现，当然也不会出现第六次产业革命。这会严重影响和阻碍社会主义中国历史发展进程。钱学森院士在给任继周的信中指出："这个草产业的问题十分重要，是关系到21世纪要出现的第六次产业革命。"[1]

第三节　草畜经营统一

草原，是食草动物的采食场和生产场，也是生物链的基础环节。养殖业出现以后，草原就成了人类社会放养牲畜的牧场，从此草原的概念就包含了畜牧业，草原、畜牧业就成了一个统一的概念，两者不可分割。

钱学森院士于1985年6月24日，在北京民族文化宫召开的由中国草原学会和中国经济学术团体联合会举办的建立中国草业问题讨论会上的讲话中，提出一个非常重要的思想观点："内蒙古自治区党委书记周惠同志的两篇文章，一篇在去年，一篇在今年（《红旗》杂志1984年第10期，第6页；1985年第13期，第11页）使我学到许多，并且使我认识到尽管党的十一届三中全会以来，中共中央、国务院和中央领导同志有许多关于种草和建设草原的指示（见农牧渔业部畜牧局草原处编的摘录册，1985年6月），而草业仍起步艰难，原因在于广大干部受历史发展的限制，总以为草是取之于自然的，天经地义，用不着去经营，也不愿去经

[1]　《钱学森书信选》编辑组.钱学森书信选（下卷）［M］.北京：国防工业出版社，2008：975.

营；加之草原属国家所有，即全民所有，怎样才能同牧民的畜牧承包结合起来，做到草畜经营统一，长期未能解决；因此牧民的积极性调动不起来。"[1] 这里提出的去经营、草畜经营统一是为草立业，是为草原铸魂立命。如果说钱老把草业从一个仅仅是名词变成一个独立的草业，一个行业，一个实实在在的新兴产业——草产业，而且还为之设定了知识密集和草、畜、工、贸一条龙发展链条，那么去经营、草畜经营统一就是为草产业安装了"起搏器""发动机"。经营的含义是筹划、组织和管理。"去经营"，就是按照事物本身存在发展的需要和规律，进行统筹谋划，并进行组织、管理，务实运作。

钱学森院士对草原畜牧业，按照其草畜共生的特点及生存发展的需要和规律，提出要草畜经营统一，既揭示了草原畜牧业的发展规律，又把这一自然界的矛盾统一体从社会层面固化成一种经济体制。钱老不仅解决了发展草原畜牧业的一个重大理论问题，更揭示了草产业长远战略地位和重要历史意义，还提出草原畜牧业的若干重大历史性改革课题，并且为草产业设计了必须建立高度科学技术体系、高度产业化体系和市场经济体系，必须实行高产、优质、高效生产方针，进行草原基础设施和草原地理建设，运用系统工程的知识技术和方法进行管理等核心内涵。这一切如果没有去经营、草畜经营统一的认识、思想和体制，没有实务运作，那草业、草原畜牧业、草产业就很难运作起来。因此，去经营和草畜经营统一是草产业理论的一个非常深刻、非常重要的理论内涵，也是发展草产业的一个基本原理和规律。

党的十一届三中全会后，掀起了农村改革的浪潮。内蒙古自治区鄂尔多斯市等一些地区，在农村改革的同时，在牧区也实行了草畜双承包责任制改革。有实力的牧户畜群规模越来越大，草场都被大户占了。牲

---

[1] 顾吉环，李明，涂元季.钱学森文集（卷四）[M].北京：国防工业出版社，2012：163.

畜较少的牧民，草场小，失去了发展的条件。同时出现了一个大问题，是草原载畜量越来越大，超载过牧，但草场没人管护建设，加之干旱少雨，草场开始出现退化。作为深切关心国家建设，特别是中国农业产业化的战略科学家钱学森院士，从正反两方面的实践案例中，很快就发现了问题，并从理论上概括出了去经营、草畜经营统一的思想认识。他说："这个认识问题现在终于得到解决，在内蒙古牧区推行了草场划分到户（组）提取草原管理费、牲畜作价归户适当提留的生产责任制，也就是草畜经营统一的生产责任制。"[1]

草畜经营统一中"经营"的意义我们前面讲过了，它是草业的"发动机"，是草原生命的魂。现在我们再讲"统一"的含义，先从社会角度看，至少有三方面的内容。

第一，经营管理体制统一，就是钱学森院士讲的草畜经营统一的生产责任制。

第二，生产经营管理方式协调统一，就是第三章变革草原畜牧业传统生产经营管理方式中钱学森院士提出的7个想法。牧草由自然转变为人工种草，牧草要收割加工，发展饲料工业，改变长草不短喂的饲喂方式；牲畜由散放改变为集中工厂化饲养和发展多种饲养业；畜产品多了，要由简单使用变为深度加工、综合利用；经营理念和方式，由不讲质量，不讲出栏率、商品率和总增率，不讲效益，不算经济账转变为高产、优质、高效，以出栏率、商品率、总增率为发展指标；管理由简单粗放方式转变为用系统工程技术进行复杂的经营管理方式。在产业链中，这几项变了，使得其他生产经营管理方式都跟着变，十分协调统一。不协调、不统一就会造成浪费，使各要素相互制约，影响效率和效益。内蒙古鄂尔多斯市于2000年推行的草原因地因时因草制宜，实行禁

[1] 顾吉环，李明，涂元季. 钱学森文集（卷四）［M］. 北京：国防工业出版社，2012：164.

牧舍饲改革，牲畜舍饲半舍饲，草原禁牧、休牧、轮牧、限牧，鼓励人工种草打草，是一种协调统一的方式。经过20多年的实践证明：草原退化状况全面逆转，牲畜数量普遍提升，牧民生活明显改善。

第三是草畜平衡，供需统一。在草原畜牧业中，草畜是共生关系，是一个矛盾体的两个方面。草是生产供应一方，畜是消费需求一方，两者既对立又统一。草的生长生产，一半受自然界，即水、肥、土和气候的制约，随着天时地利因素的变化而变化；一半受社会，即人对草原的保护、建设和利用因素影响，随着社会因素的变化而变化。按照《草原法》"科学规划、全面保护、重点建设、合理利用"的方针，草的生长生产就好，产量就高，草原生产、生态、环境、碳汇、生物多样性功能就好，还会间接影响自然因素，甚至弥补因自然因素变化而造成的损失。反之，就会破坏草原的五大功能，草就会减产降质。如果违背草畜平衡、供需统一规律，草原畜牧业就会受到影响。畜的生长、生产主要受水、草、气候的直接影响。如果把人的需求从草原利用一项中单列出来看草畜关系，畜是因人而生、供人所需、受人控制的，不难看出草畜关系实际上是天、地、人的关系，即人草关系。但人草关系也不完全是草畜关系，因为草除了供养为人所用的牲畜以外，还有生态、碳汇、生物多样性和文化功能。所以草畜平衡，必须是在保证草原、生态、环境、碳汇和生物多样性功能的前提下的平衡，是生态优先、绿色发展、高质量可持续发展的平衡。草畜平衡作为草畜经营统一的重要内容，是草原畜牧业的一个发展规律。增畜必须增草，增畜不增草等于自杀、自毁。增草增畜，草多畜多。草少就要减畜，不主动减畜，必然伤害草原、伤害自然，最后伤害人类自身。由于自然因素，尤其是水和气候的不确定性限制，靠草原自然增草是有限的。要想多发展牲畜，就必须创造条件改善制约草原生产的因素，进行人工种草、打草和发展饲料工业，对牲畜实施舍饲、半舍饲，对草原实行禁、休、轮、限政策措施。正常情况下，经过一个时期禁、休、限牧后草原牧草会得到恢复，即可划区轮牧。

再从自然的角度看统一。草畜经营统一就是天人合一，把天、地、人统一起来，这是一个大原则、大规律。天、地是自然，人也是自然的一部分，自然孕育着人类。自然既为人类社会服务，也受人类社会的影响；既约束人类的活动，又为人类按照系统工程的理论，在尊重自然、敬畏自然、顺应自然、保护建设自然的前提下改造自然，以满足人类自身的目的。这是包括沙漠、草原在内的地球表层这个自然体的自然性和社会性决定的。只有把天、地、人统一起来，才会实现天人合一。去经营、草畜经营统一、草畜平衡是草产业的一个基本原理和规律。

2016年1月18日，习近平总书记《在省部级主要领导干部学习贯彻党的十八届五中全会精神专题研讨班上的讲话》中指出："人因自然而生，人与自然是一种共生关系，对自然的伤害最终会伤及人类自身。只有尊重自然规律，才能有效防止在开发利用自然上走弯路。这个道理要铭记于心、落实于行。"总书记把人与自然的关系讲透彻了。这使我进一步认识到草畜经营统一，就是人与自然和谐共生关系在草原畜牧业领域的体现。

草畜统一则相得益彰、双赢，不统一就要出问题，就要犯错误、走弯路。草原既是饲养草食家畜家禽的饲草料生产基地，是人类的生产资料和生产对象，又是人类的生存生活环境。草原生态环境的好坏，还会影响水土、空气、气候更大范围的环境因素。

钱老在《要区别"地球科学"和地球表层学》一文中提出："地球表层学不完全是自然科学，因为要涉及到人的社会、人的活动，所以它也是社会科学；但是这种社会科学又不是纯粹的社会科学，还要受地质、气象环境的制约，所以它又跟自然科学有关系，跟经典的地学也是有关系的。地球表层学是一门综合了社会科学和自然科学的学问。"[1]

"自然科学和社会科学结合起来搞地球表层学，是我们建设有中国特色的社会主义非常重要的一门学问，要加以研究。不然的话，要犯错误。这不是危言耸听，现在已经出现了很多很多问题，水土流失、水资源问题、长江变黄河问题……但是地球表层学要讨论的不限于灾害，问题要大得多。或者说灾害是突变性的东西，我们还要研究累积性、渐进性的东西。"[2]

钱学森院士又在创立地球表层学的过程中，发现对地球表层研究时，必须把自然科学和社会科学结合起来，才会有结果，否则要犯错误。地球表层学不仅研究灾害问题，更要研究造成灾害的原因。钱学森院士以水土流失、水资源问题及长江由清变浑变成黄河问题为例，提出沙漠化、草原退化都有累积性和渐进性的问题，而且十分典型。钱学森院士在地球表层学研究中提到的观点，为我们分析认识草产业的草畜经营统一深刻内涵提供了理论指导，是建设草原畜牧业的指导思想和理论原则。

[1] 顾吉环，李明，涂元季.钱学森文集（卷五）［M］.北京：国防工业出版社，2012：78.

[2] 顾吉环，李明，涂元季.钱学森文集（卷五）［M］.北京：国防工业出版社，2012：78.

作者在巴彦淖尔市乌拉特后旗柠条生态治理项目区

第三章　草产业建设理论

第一节　变革草原畜牧业传统生产经营管理方式

变革草原畜牧业传统生产经营管理方式是草产业建设的基础环节。

钱学森在给王明昶副所长信中指出："一年半以前呼吁要搞知识密集的草产业无非想使现代科学技术为大农业服务。现在您作为行家已提出行动计划，要建四个试点，这使我受到很大鼓舞！

"您问我还有什么想法，谨陈述下列几点，供您参考，不当之处请批评指教：

"（一）要逐步发展人工种草、施肥；

"（二）要逐步搞牧草收割，运到饲料加工厂加工；

"（三）大力发展饲料加工，现在全自治区饲料加工有发展，已将及每年约20亿斤；但还不够，全区将来年产应是数亿吨；

"（四）要逐步实现集中工厂饲养；

"（五）综合深度加工；

"（六）草产业要包括多种饲养业，如微生物（单细胞蛋白）；

"（七）运用系统工程搞好复杂的经营管理。

"以上都是为了提高经济效益，达不到荷兰的水平，也要做到新西兰的水平，每亩草原年产值为80元人民币！这是一项多种专业协同共事才能办成的，所以一定要团结各方力量。[1] "使原来的传统牧业生产向现代畜牧业转变……"[2]

钱老的七点意见，是彻底变革草原畜牧业传统生产经营管理方式的重要指导思想和具体要点，切中了草原畜牧业的要害。

草原畜牧业传统生产经营管理方式，主要做法是草靠自然生长，畜是自由放牧。牧民的主要生产活动和收入来源就是养牧，通过民间渠道出售活畜和畜产品中的绒毛皮肉奶。为了提高收入，牧民就会增加牲畜头数，既不管草原生态，也不算长远经济账。在这种传统生产方式下，草原面积没有变，草靠自然生长的方式没有变，牲畜多且吃得快，牧草没有生长的时间，再加上水肥不足，生长乏力，导致牧草供不应求。如果出现干旱大风灾害，牧草生产能力就大幅度下降；如果出现寒冬大雪，牲畜没有吃的草料，导致大批牲畜饿死、冻死，牧民收入大大下降。这种生产经营管理方式的后果是降雨减少，地下水位下降，草原退化，牲畜死亡，牧民收入减少，更甚者风沙肆虐、沙尘埋压草原等等，生态、碳汇、生物多样性、为社会服务等多种功能也随之下降。久而久之，形成草、畜、人关系恶性循环，三大矛盾加剧。

这种传统生产经营管理方式已造成看得见的严重后果，必须加以彻底改变，而改变的唯一办法就是发展建设草产业。

一、精心种草，人工种草是第一位

变革草原畜牧业传统生产经营管理方式，第一位是人工种草。为什么？因为在草原畜牧业传统生产经营管理方式下，草的处境和生长是十

[1] 《钱学森书信选》编辑组.钱学森书信选（上卷）[M].北京：国防工业出版社，2008：220.

[2] 李毓堂.草业——富国强民的新兴产业[M].银川：宁夏人民出版社，1994：410.

分艰难的，而没有草，又怎能发展畜牧业？

草原上的草是靠太阳光能与自身的光合作用自然生长。它既受自然界水的限制、气候的制约和病虫鼠的危害（"两制一害"），又受"三乱一超"的破坏，即乱垦、乱挖、乱采及超载过牧。"两制一害"和"三乱一超"都会制约、伤害草的生长，使草原生产不稳定。如果两者叠加，那就会严重危害生态、生产、生活安全，严重影响生态社会经济效益。一是使草原沙化退化盐碱化。历史上，北方大部分草原曾经是海洋，海洋褪去形成沙漠，上层有机土壤较薄，开垦极易沙漠化，实际上大部分沙地和大沙漠边缘就是沙化了的草原；西北地区大部分草原地下浅水层盐碱浓度较高，不少湖泊里含盐碱，近几十年干旱不断，湖泊干涸，形成一块一块的盐碱滩，很少长草；因为散放牲畜让其自由觅食，结果使优质牧草没有时间生长，更没有成熟落籽扩繁的机会，一段时间后草原自然退化。二是草原五大功能和生态、社会、经济效益下降。三是形成生态、生产、生活恶性循环。

变革草原畜牧业传统生产方式，必须首先进行人工种草。人工种草是变革草原畜牧业传统生产经营管理方式，解决草原水草、草畜、畜人三大矛盾，贯彻新发展理念，促进草原畜牧业高质量发展，建设知识密集型草产业，实现草原畜牧业现代化的基础和关键，是贯彻《草原法》，全面保护草原、重点建设草原、科学利用草原的关键措施。

人工种草是顺应自然、保护自然，给自然生产以休养生息和草生长成熟产籽时间，是使生态恢复、功能不降又不减畜且保持畜牧业持续稳定发展、供应链不断、牧民收入稳定增长的最积极有效的好办法，也是提高饲草产量质量，进行饲草料储备，为牲畜从舍饲、半舍饲到集中工厂化饲养构建基础和创造条件，是改变粗放落后生产的前提。

钱学森院士指出："怎样利用现代科学技术发展草业？第一当然是种好草，不能搞粗放经营式的放牧，要精心种草，让草原生长出大量优质、高营养的牧草。这里有培育并选用优良草种的工作，也有引种的工作。还有防止自然界的敌害问题，如灭鼠。灭鼠最好少用药剂，用鼠类的天敌，如猫头鹰、黄鼠狼等。一亩草原，经过这种科学改造，年产草（以干草计，下同）多少？高产粮食试验田，亩产已经达到3000斤；每年亩产几百斤牧草总是可以做到的吧。既然说不用放牧，这草就要收割下来，运送到饲料加工的小工厂。一年能收几次，何时收割最好？以牧草为基底的饲料加工技术是比较成熟的，例如加入蛋白质类的饲料添加剂。"[1] 钱学森院士为草立业，把草本身定位为草业，又把草业提高到了草产业的战略高度，为草建立学科。

（一）草业是一门学科，也是一个产业。人工种草是草业的一项重要内容。饲草种植利用大有学问。要利用现代科学技术，如信息技术及生物技术等，精心种植，科学加工利用。

（二）选择有一定水利条件或比较湿润的土地，进行平整、耕翻、清除机耕机割障碍，清除有害毒草和劣质草草根，完善浇灌设施和防护围栏、林网等。

（三）标准是优质、高营养牧草。要选育、引进、建立种业基地，因地、因气候、因条件制宜，适地适种适法，保持营养最大化、不浪费。

（四）防止自然界病虫鼠害，少用或不用药剂，多用虫鼠害天敌，如猫头鹰、黄鼠狼等，避免污染草原和伤害牲畜及其他生物。

（五）施肥多用舍饲棚圈内的牲畜粪便，经过人工沤制施用。为补充土地短缺营养，可施用少量化肥，多用菌肥。浇水施肥才能提高草的产量和质量。

（六）按照草种的营养最佳期及时收割，按照最不破坏营养的办法进行烘干、晾晒、加工、储藏，一般是青储较好。农作物秸秆争取及时收割，趁绿青储。干草干秸秆可粉碎后做氨化、碱化、糖化处理。储藏

[1] 顾吉环，李明，涂元季.钱学森文集（卷三）［M］.北京：国防工业出版社，2012：306.

要特别注重通风，不发霉，不污染。

（七）草一定要加工饲喂。一般性加工分两类，一类是由集体或由农牧民入股组建饲草料加工小厂，粉碎青储、"三化"处理，长草短喂；一类是精加工，加工成粉末、颗粒，添加蛋白质。用牛粪养的蚯蚓和骨粉蛋白质做牲畜饲料添加剂。

（八）螺旋藻也是高蛋白单细胞物质，含蛋白50%~70%，精制品可做人的食品，粗渣可作为饲料添加剂。螺旋藻有五大功能，是优质保健品。据专家介绍，鄂尔多斯市鄂托克旗查干淖尔螺旋藻基地已成为世界上最大的螺旋藻产地。螺旋藻各地都可以生产。在乡镇苏木范围内，视牲畜规模至少建一处螺旋藻生产地，既为农牧民做果蔬替代品保健品食用，也给牲畜饲料做添加剂，提高蛋白质含量。现在，人工合成蛋白质也可做饲料添加剂。

（九）大力发展饲料工业。标准化饲料加工技术已很成熟，而且不同畜禽、不同年龄段及怀胎、哺乳母畜等都有添加不同营养的配方饲料。要不断开发新的饲草料资源，减少使用粮食，进行标准化生产，拒绝有害畜产品、有害人体健康的饲料添加剂，保持有机绿色品质，坚持合理售价，让广大牧民及养殖户用得起、用得住。要工牧两利，以工助牧，以工促牧。

（十）建立饲草料储备制度。一是养殖户自行储备，二是政府储备，备荒备灾，保证畜牧业稳定发展，保证畜产品稳定供给。

总之，搞畜牧业一定不要自毁基础，自毁金山银山。这基础和金山银山就是草原，就是草，不能为了多养几只羊、几头牛、几匹马，不管长远，就把草原吃荒吃灭了。破坏容易恢复难，满足一时长远吃苦受害。一定要遵循钱学森院士理论，精心种草、精心管草、精心用草、精心护草，有了草才能养好畜，才能提高牲畜质量和单位畜产品产量。

在北方荒漠半荒漠，甚至典型草原上，人工种草的产草量是草原产草量的10~20倍，质量就更不用说了。

二、集中工厂化饲养

集中工厂化饲养是一种精细饲喂养殖，需要有一个发展过程。首先要提高牧民的思想认识；其次要有完善的棚圈设备；第三饲草要有营养配方和加工；第四要有完善的喂养制度程序。高标准的饲养是标准化、机械化、自动化和智能化。以上条件都要有人、财、物、智的投资和相关机构的组织领导，并从普通的舍饲、半舍饲起步并进行试点，取得经验，逐步推进。

鄂尔多斯市委、市政府于2000年决定在全市实行禁牧舍饲措施。基本内容是牲畜舍饲（半舍饲）草场禁牧、休牧、轮牧、限牧。该政策执行严格，强行推动。几年后的效果是沙草产业发展，生态迅速好转，牲畜头数增长，农牧民收入增加，生活水平提高。禁牧舍饲政策发展到现在的完整经验应该是在生态优先、绿色发展的方针指导下，贯彻草资源节约优先原则，以年为时间单位，牲畜舍饲、半舍饲，草场实行禁牧、休牧、轮牧、限牧政策，合理利用自然草场，合理保留草原畜牧业特色，牲畜有直接觅食牧草并在草原上活动、排便的机会，减轻草场火灾压力。短期禁牧，给草原恢复的时间，绝对可行，但待草原恢复后，仍长期禁牧，不如先收割草，后划区轮牧，这样更有利于保护草原，既不浪费饲草资源，也能减少草原火灾。

舍饲是在草原受灾，自然草长势不好，生态下降的情况下，为维持牧业一定程度的稳定，在草原生态恢复的过程中，实行禁牧舍饲（把牲畜圈起来，用人工种的草进行饲喂）；半舍饲，是在休牧期（为给牧草生长时间，不让牲畜啃食和践踏，休牧时间视具体情况决定）或划区轮牧或以草定畜限牧过程中，在食草不足情况下圈养牲畜一段时间或一日内补饲一两个小时。这样做，既减轻草原压力，不致超载过牧，对草原造成破坏，又不浪费草原上成熟的自然草，还减轻火灾压力。

舍饲要有棚圈，棚圈要通风，要有适当活动场地，粪便要及时清理；饲喂要有槽具，槽具设计制作要符合饲喂对象，要防止牲畜践踏、防止风沙进入、防止污染、防止浪费。

作为草产业初级阶段的舍饲、半舍饲饲喂方式，好处有很多。从较早进行舍饲、半舍饲改革的许多牧民的经验和鄂尔多斯市乌审旗鄂托克前旗建设"高效益家庭牧场""模式化养殖"试验成功的经验来看，主要有如下好处：充分合理地利用饲草料，减少和避免了饲草料及其有效营养成分的浪费，少一点浪费就会多一点畜产品，多一点收入；减少了劳动力的投入，老人、妇女等半劳动力就能饲喂，使整劳力有时间、有精力学习，或涉足市场、商务活动，或去干只有整劳力才能干的活，弥补一部分劳动力不足的问题；可减少和避免牲畜疫病，特别是传染性疾病；由于饲喂及时，营养充足，能提高单位牲畜的绒、毛、皮、肉、奶、油、蛋、杂、粪产量；牲畜膘情不受季节影响，可随时出栏，既能满足市场需求、满足供给，又能大大缩短饲喂时间，减少了饲料，降低了饲养成本，提高了总增率、商品率和经济效益；可以加快繁殖，一年两胎或两年三胎，减少空胎、落胎和幼畜死亡，提高牲畜繁殖成活率；大大减轻草场压力，既能提高产草量，又使草原生态环境越来越好，使生产、生活和生态良性循环，草、畜、人三旺三赢，使牧民富起来、牧业好起来、牧区活起来；适用于任何家畜，包括绒山羊，不仅羊绒质量没有变，产量还会增加（但要注意在产绒不同阶段，饲喂量稍有不同）。

舍饲、半舍饲或集中工厂化饲养，既能提高繁殖率，又能极大地提高畜产品产量，还为牲畜改良和多种养殖创造了饲喂条件。

三、畜产品综合深度加工、综合利用

钱学森院士指出："而且一开始就搞产业化，形成生产、加工和销售一条龙，并注意综合利用。这种高技术产业化的农业，实际上已和工业及经贸、服务等第三产业结合起来了……"[1]

畜产品是一个十分丰富的有机资源库。大宗产品有绒、毛、皮、肉、奶、油、血、骨、杂、粪十大类，内脏杂类有头、蹄、心、脑、肝、胆、肺、肠、胃、脾、肾、睾等10多种小类，共有20多种原生产品，每一类还可以不断研发新功能、新产品。比如，牲畜粪便，钱学森院士讲："我们要下功夫研究的是在饲料加工和牲畜饲养集中点如何处理牲畜的粪便，这关系到整个草业的经济效益。我们应该把粪便当作资源，送到家门口的资源，通过生物技术，综合加工，取得有价值的产品。例如，种蘑菇、养蚯蚓、沼气发酵、残渣养鱼，等等。最后废渣、废液又要返回草原，作为肥料。这里生产的蘑菇和鱼本身已是成品；而蚯蚓可送到饲料加工厂，作为蛋白质添加剂；至于沼气，那是燃料，除了做饭外，还可以用来开汽车、拖拉机，发电。"[2]

畜产品是国家轻工业的主要原材料，广泛用于纺织、皮革、服装、食品、乳业、饮料、医药、饲料、肥料、化工等加工业。它是改善人们饮食结构、增加动物蛋白、增强人体素质的必需品，是节约粮食、保障供给、维护食物安全、减轻粮食压力的重要保证，是参与、促进国内国际双循环的重要产品和市场。随着人们收入的增加，生活水平提高和扩大开放，这个市场会越来越大。草产业是综合性生产事业，只有综合，才能达到最佳效益。对畜产品需要进行综合加工、深度加工、多层次加工，要废物利用，包括下脚料，要做到资源化、无废弃。除了畜产品要综合加工、综合利用外，还要综合利用草原五大功能和草原上可利用的各类资源。

[1] 甘肃省沙草产业协会，中国治沙暨沙业学会，西安交通大学先进技术研究院.钱学森宋平论沙草产业［M］.西安：西安交通大学出版社，2011：40.

[2] 顾吉环，李明，涂元季.钱学森文集（卷三）［M］.北京：国防工业出版社，2012：306—307.

畜产品作为轻工业原料资源，需要加大科学技术，特别是生物化工的研究开发力度，研究开发所有畜产品的新功能、新用途、新技术，然后用机械和化学方法，在工厂中分离和制造新产品。加工畜产品还要统筹研究产品在市场营销中的质量、数量、品牌、品种、时效、成本、包装、花色和储运等要素。

钱学森院士讲："要提高农业的效益，就在于如何充分利用植物光合作用的产品，尽量插入中间环节，利用中间环节的有用产品。"畜产品就是植物光合作用的过腹转化产品，再过机转化成商品。只有深度加工利用它，才能提高效益。

四、进入市场，做好产品营销

产品销售也是变革草原畜牧业传统生产经营管理方式和建设知识密集型草产业的一个重要内容和环节。在科技迅速发展、生产力不断提高的当今时代和我国社会主义市场经济近乎成熟的今天，市场消费需求决定着畜产品的数量、质量、品种和供应时效。市场竞争还会在上述条件的基础上，看产品的价格、花色、品牌、渠道等。由此可见，市场营销也是促进畜牧业发展、建设知识密集型草产业的一大引擎，是一门大知识、大学问，因为市场营销不单纯是买卖交换，还涉及科学技术对产品的创新、开发能力。同时，生产流通环节要保证高质量、低成本，还需要营销团队进行推销、宣传、服务等。

现在草原畜牧业的牲畜及畜产品的营销活动，基本适应牧民一家一户生产经营的模式和规模。草原畜牧业传统、粗放、落后的生产经营管理模式改革步伐慢，生产规模小，草少、畜少、畜产品少且品质质量不太高，畜产品新功能、新花色、新产品开发加工少（因为科研人员少、科研机构少），加上市场体制不健全，社会化服务体系缺位，各种要素互相作用、制约，形成"慢、小、少"生产模式和规模，还停留在顾生产多、管营销少的阶段，因而营销也是以活畜交易、民间交易为主，交易规模小。有待变革传统经营管理方式，建立草产业市场经济体制和科学技术体系，实行双层承包经营或企业化改造；需要通过宣传引导人民群众改善食品结构，扩大动物蛋白需求，开发潜力大的畜产品市场，促进草原畜牧业改革进程，加快知识密集型草产业建设速度。通过多方面努力，尽快壮大草原畜牧业这一具有政治、经济、社会、生态等重大意义的经济增长领域。

销售是知识密集型草产业产业链条中最后一个大环节，这个环节在市场经济体制中的作用十分重要。在生产力发展到一定阶段，生产能力过剩成为常态的情况下，市场销售往往成为拉动生产、流通的决定性因素，也间接拉动为生产、流通、服务的教育、科技、工业、交通等事业。当然，如果销售搞不上去，也会制约生产流通。

今后，随着乡村振兴和共同富裕的建设发展，农区畜牧业会有快速发展的趋势。农村有作物秸秆和灌木半灌木等可以加工成饲料，也有种草种饲料农作物的条件，家家户户也具备养殖猪、牛、羊、驴、鹿、驼、鸡、鸭、鹅等的条件，为了实现共同富裕，乡镇领导加以号召、组织、支持和帮助，他们就会马上行动起来，发展养殖事业。现在有一种趋势，一些有实力的大中型企业开始投资养殖业，规模很大，它们有资金、有科技人才、有管理经验和市场营销经验，也有一定的渠道。钱学森院士讲过，农区、林区的草产业发展有条件，发展起来也会快些。农区、林区的草产业发展好了，能为大草原上的宏观草产业建设提供经验和示范。但同时也要加强牧区的改革建设和市场营销人才、组织的培养构建，以免牧民的供销市场受到挤压，尤其是偏远地区的牧民，一旦有畜难卖，不能及时出栏，就会出现喂养时间延长、牲畜头数增加，不但喂养成本提高、牧民收入下降，还会出现超载过牧、降低草原功能的情况。

避免、防止出现这种情况和结果的办法，还是要依靠党的领导和以政府为主导：组织领导一场变革草原畜牧业传统生产经营管理方式的群众性改革活动；逐步把牧民组织起来，实行双层承包经营责任制，组织不同类型的企业集团、服务公司，特别是牲畜推销公司，建立草原畜牧业的社会主义市场体制；完完整整建设大草原上的宏观草产业。

在畜产品的销售中，头、蹄、内脏产品成规模成量批发销售少，牧民一般自行处理，浪费较多。原因是这些产品的地位低、个头小，除了少量食用以外，少有科技人员研究开发它们的新功能、新用途。当然，经过研发，没有特殊功能或有些一般功能已有同类产品，就要计算成本，看有无开发必要；如果有一定特殊功能和用途，即使已有同类产品，也要从社会效益考虑，加以开发。如牲畜骨头就应收购加工成饲料添加剂。还有头、蹄、心、脑、肝、胆、血、肠、胃、脾、肾、睾等，都是资源，都应利用。

五、转变传统落后的经营理念和方式

传统落后的经营理念和方式，不讲草畜质量和效益，不讲牲畜总增率和商品率、出栏率，不讲经济、社会、生态效益，不算大账、长远账，不讲节约集约经营。

草原畜牧业生产经营的总方针和总任务是高产、优质、高效，后又根据现实情况加了两个内容——生态、安全，成为一个与时俱进、符合实际的农业生产方针。高产是在坚持生态优先、绿色发展方针下，保证提高畜产品的高产量总增率。优质就是草畜产品合格，绿色、有机，草要优质、高营养，畜要其产品（绒、毛、皮、肉、奶、油、骨、杂等）适合人民的需要和市场需求。高效就是经济效益要高。生态就是绿色无污染，把农业建设和生态建设结合起来，实际上农业建设就是生态建设，但要有生态意识。安全主要是食品安全，让人民群众吃得放心，也有保证食品供给安全之意。

决定畜产品效益的因素有质量高、用途广、售得出、成本低、周转快，总增率、出栏率、商品率高，减少损失浪费；高度产业化，深度综合加工、综合利用，无废弃；多种经营；高度知识密集和技术密集、草原牲畜改良、集约节约经营管理；深度融入社会主义市场经济体制，发展适度规模经营，组建草畜工贸一条龙产业集团公司，健全社会化服务体系，实现小牧户和现代草原畜牧业发展有机衔接。

既要算短期经济账，更要算草原生态效益、永续利用、可持续发展长远账，还要算为建设知识密集型草产业创造条件奠定基础、实现农业产业革命的贡献大账。

六、对草原和牲畜的健康管理

变革草原畜牧业传统生产经营管理方式，除了四大环节和经营理念外，还有一项重要内容，就是管理。钱学森院士从知识密集型草产业的复杂巨系统角度提出要用系统工程的知识技术和方法进行管理。系统工程管理，另有一节专门叙述。本节只针对落后粗放的传统管理方式中，养殖户对草场和牲畜的健康管理。在过去，牲畜无圈无棚，冬天往南，夏天往北，用以调节寒暑，牲畜常因自然灾害或疫情死亡，牧民生活艰苦不说，牧业生产极不稳定。新中国成立后，逐步实现定居放牧，以后逐步有了棚圈，解决了人畜饮水问题，20世纪80年代开始，内蒙古进行抗灾基地建设；种植饲草料作物，不少养殖户基本解决了牲畜温饱问题，但传统的粗放管理仍然在草场和牲畜健康方面出问题。如草场不改良、不建设，不铲除毒害草种；不用天敌防虫鼠害；不种草，也不培育自然打草场；不划区轮牧，不给牧草生长成熟的时间；不关注草原生态；补饲饲草是"长草不短喂、饲料不粉碎、营养不搭配、科学饲养不到位"，把长草随便扔到院里、圈内，任由牲畜践踏踩挤，既不卫生又浪费饲草；牲畜饮水极不讲究，冬天饮冰水，夏天随便饮用凹地积水，水里有害菌虫繁殖，十分脏污；棚圈内粪便不及时清理，不铺垫干土，牲畜长期卧在冰冷潮湿的粪便中，既对绒毛皮肉奶没有好处，又极易生病等；不重视环境，有的牧户对牲畜夏不理酷暑、冬不管严寒，对牲畜的病情不及时医治、上报，造成损失，等等。

上述管理问题，有不少牧户做得很好，也有不少牧户做得不够，个别牧户做得很不够。殊不知，对草原和牲畜进行健康管理十分重要，关乎牲畜及畜产品的增质增量，关乎草原生态和畜牧业健康发展。

由此，我想到，政府部门及草畜事业单位应结合各级科协，大量编印有关草原保护、建设、利用，牧草人工种植、加工、饲喂和健康管理的科普书籍及宣传手册；有组织、有管理机构，组建一支牧区科技服务工作队，常年跑牧区，对牧户指导帮助，形成常态化；吸引一批大学生或有志青年、科技人才到牧区工作，要待遇倾斜，能留住人、扎下根；培训牧民、养殖户，提高他们的知识文化水平和素质，是很有必要且紧迫的大事，也是建设知识密集型草产业的必要准备。

第二节　建立科学技术体系

钱学森院士在《创建农业型的知识密集产业——农业、林业、草业、海业和沙业》一文中明确指出："我国草原面积，如果包括一部分可以复原的沙化了的面积，一共有43亿亩，也差不多是农业面积的三倍。但我国目前草原的经营利用十分粗放，效益很低。"[1]"据周惠同志讲（见《红旗》杂志，1984年第10期，6页，《谈谈固定草原使用权的意

---

[1]　上海交通大学．智慧的钥匙——钱学森论系统科学［M］．上海：上海交通大学出版社，2005：263.

义》一文），在我们内蒙古自治区，一共有13亿亩草原，而从1947年—1983年这37年中，畜牧累计产值100多亿元。折合每亩草原年产值才0.2元多，这的确比每亩农田的年产值小得多，只值个零头！但这是草业'命里注定'的吗？不能用现代科学技术去改变吗？不是有新技术革命吗？我想如果我们下决心抓草业。即使不能使一亩草原的产品，经过综合加工生产，其产值赶上一亩农田，但也决不只是个零头，达到几分之一总是可以的吧？"[1]

"怎样利用现代科学技术发展草业？还得从利用太阳光这一能源做起，搞好光合作用，也就是要精心种草，让草原生长出大量优质、高营养的牧草。这里有引种和培育优良草种的工作，还有防止自然界的敌害工作，如灭鼠……一亩草原经过这种科学改造，亩产干草多少？总可以比现在大大提高，年亩产干草几百斤总是可以的吧？这是草业的起始。"[2]

"既然说是知识密集的产业，那就要充分运用自然科学、社会科学、工程技术，以及一切可以运用的知识来组织经营它……这方面的工作量是非常大的，我们要在吸取全世界的先进经验和科学技术的同时，组织我国自己的力量，包括各高等院校、各科学研究机构等来共同攻关。

"在科学研究工作中的一大课题是对生物资源的全面调查研究，因为农业型的产业是靠生物来完成生产任务的。这看起来好像是老课题了，几百年来生物学不是一直在搞这项研究吗？是老课题，但有新的内容，就是要从定性观察过渡到定量观测……这个要求对生物资源的调研工作来说，就是更高的要求了。

———————

[1] 顾吉环，李明，涂元季. 钱学森文集（卷三）［M］.北京：国防工业出版社，2012：305—306.

[2] 顾吉环，李明，涂元季. 钱学森文集（卷三）［M］.北京：国防工业出版社，2012：263.

　　"科学研究中的又一大课题是发展新技术革命的生物工程技术，如细胞工程、酶工程、遗传工程等，为农业型的产业服务，也就是大大提高生物生产的效益和对生产有用的生物功能，以至创造新的生物。

　　"属技术开发性的科研也有几个方面。先讲用生物进行生产的生物工厂……单细胞蛋白质用作配合饲料的添加剂，这是用有机质的废渣废液，通过培养单细胞微生物，合成蛋白质，然后分离出菌体。我们要开发这项技术。还有沼气生产过程也要研究，提高生产效益，把目前每立方米池面积每天产气0.1立方米左右提高到1立方米以上。中国科学院成都生物研究所等单位用两步发酵法是个苗头，可能达到这个指标。再就是蚯蚓的养殖也要从现在的比较原始的办法逐步发展到全自动控制的连续性生产。还有其他。这方面的技术是随着生物技术的应用迅速发展着的，我们一定要重视它。

　　"发展性科研的又一个方面是生物化工，也就是用生物产品作原料，用机械和化学方法，在工厂中分离和制造新产品。在这里加工对象是无生命的。这一类中包括各种下脚料的利用，如骨头制骨粉，骨粉提骨蛋白质等。再如树叶也可以提叶蛋白。前面多次讲到的配合饲料更是生物化工生产的一个大项目……搞科学技术还得有专业人员，所以必须提出大力培养农业型产业的专门人才问题。"[1]

　　"我想武威、张掖的同志实际开创了一个新型产业，在缺水但阳光丰富的地区，用高新技术搞农副业生产，达到高效益。这是将地区的特点同现代科学技术结合起来了，那是不是给我们一个启示：农、林、草、海、沙这五大用阳光和生物的产业都要运用高新技术创造出一套前所未有的新产业，这是古老的农林牧副渔所没有的，今天搞农林的同志、搞海洋养殖的同志也没想到用高新技术吧。引入高新技术以及高新

_____

　　[1]　上海交通大学.智慧的钥匙——钱学森论系统科学［M］.上海：上海交通大学出版社，2005：266—268.

技术产品——新材料、信息技术等，将会出现前所未有的新产业，一个真正知识密集型的农产业、林产业、草产业、海产业和沙产业将要在人类历史上登上舞台了。而这是从小弟弟沙产业做起的！高新技术将引发人类历史上的第六次产业革命！中国人可以当带头的！"[1] "还有初露的第六次产业革命，即农业产业化革命，是绿色农业（即今日的农业）与白色农业（微生物农业）及蓝色农业（即海洋农业）并举。这一新发展需要知识面更广的人才。中国科技大学不要为这一21世纪的需要做准备吗？为了这一新发展，我和我的合作者提出'集大成得智慧'的概念……请您参照这一概念，考虑21世纪的中国科技大学吧。"[2]

我理解，要把所有由人类创造的自然科学、社会科学和工程技术，运用到草原保护、建设、利用和草产业全过程链条的草畜工贸环节上；组织相关科研院校、企业和科技人员及草产业实战者不断研究开发现代草原畜牧业建设发展的新理论、新技术、新模式、新产品、新功能。一是草原的保护建设，围栏、灌溉、施肥、牧草改良、补播、有害毒草的清除和开发利用、病虫害的防治、培养虫鼠害天敌；二是人工种草，优良品种引进、培育、施肥、浇水，适时收割、加工、储备；三是牲畜舍饲半舍饲棚圈设计、建设、饮食槽器设计制作；四是禁牧、休牧、轮牧、限牧要适时合理；五是饲料要有营养配方、生产仓储；六是牲畜改良、产品研发、加工、储运、销售；七是聚居点及工业生产的布局建设；八是旅游路线及吃住行游购娱的布局建设；九是生物多样性的统筹保护、管理、利用；十是管理，等等。都要运用及创新的科学技术，坚持生态优先、绿色发展国策和可持续、高质量发展原则。

钱学森院士指出："草产业的确在于'种''养''加''产''供''销'

————————

[1] 《钱学森书信选》编辑组．钱学森书信选（下卷）［M］．北京：国防工业出版社，2008：1103．

[2] 《钱学森书信选》编辑组．钱学森书信选（下卷）［M］．北京：国防工业出版社，2008：1229—1230．

综合'一条龙'，但我们要把全部现代科学技术用上去也非易事；所以我以为要做长期打算……"[1]

"我认为问题在于要建设一个合乎社会主义市场经济和现代科学技术的草产业体系……"[2]

"科学技术能解决生产效益问题。"[3]"现代科学技术所能提供的可能性是惊人的。"[4]"还有科学技术的巨大作用：如微生物农业，所谓白色农业；海上建船岛等。"[5]"我们要看到现代科学技术使人类认识事实并采取措施，不但保护我们生存的环境，而且能改造它，使它让人类活得更好！"[6]"但您对今天科学技术的飞跃进步，从而生产力有极大的提高，改变着世界的面貌……用科学技术还可以能动地改造我们生存活动的环境，这就是我说的地理建设。"[7]"现代科学技术完全有能力克服青藏高原地区的自然条件限制……现代科学技术要征服这个中国国内的'南极洲'。"[8]"经济建设，必须靠科学技术。是科技兴国。"[9]"由

[1] 《钱学森书信选》编辑组．钱学森书信选（上卷）［M］．北京：国防工业出版社，2008：334.

[2] 《钱学森书信选》编辑组．钱学森书信选（下卷）［M］．北京：国防工业出版社，2008：1032.

[3] 《钱学森书信选》编辑组．钱学森书信选（上卷）［M］．北京：国防工业出版社，2008：84.

[4] 《钱学森书信选》编辑组．钱学森书信选（上卷）［M］．北京：国防工业出版社，2008：617.

[5] 《钱学森书信选》编辑组．钱学森书信选（下卷）［M］．北京：国防工业出版社，2008：1052.

[6] 内蒙古沙产业、草产业协会，西安交通大学先进技术研究院．钱学森论沙产业、草产业、林产业［M］．西安：西安交通大学出版社，2009：236.

[7] 《钱学森书信选》编辑组．钱学森书信选（上卷）［M］．北京：国防工业出版社，2008：617.

[8] 《钱学森书信选》编辑组．钱学森书信选（上卷）［M］．北京：国防工业出版社，2008：204.

[9] 《钱学森书信选》编辑组．钱学森书信选（上卷）［M］．北京：国防工业出版社，2008：468.

于科学技术的进步，工业、农业、交通运输等都一步一步从劳动密集走向知识密集，劳动也逐步成为脑力劳动为主、体力劳动为辅。这是发展趋势。三大差别可能在21世纪的中国会消灭。"[1]

钱学森院士指出："由于人体科学概念的建立，把人体作为一个对环境开放的复杂巨系统，那我们就可以用系统的理论，把中医、西医、民族医学、中西医结合、民间偏方、电子治疗仪器等几千年人民治病防病的实践经验总结出一套科学的、全面的医学——治病的第一医学、防病的第二医学、补残缺的第三医学和提高功能的第四医学。这样就可以大大提高人民体质，真正科学而系统地搞人民体质建设了。"[2]

钱学森院士指出："我现在看到的还有从生物科学技术引起的，通过农产业、林产业、草产业、海产业、沙产业的第六次产业革命和以纳米技术（纤技术）为基础的第七次产业革命。这都是21世纪的事了，但也要及早研究以便能制定政策、策略。"[3]"其实信息革命一词只是第五次产业革命的别称，不能表达引起第五次产业革命的科学技术基础——各项技术革命……电子技术革命、计算机技术革命、网络和通讯技术革命等，而这最后一项又包括光纤通信技术革命、卫星技术革命等。此外还有民航技术革命。当然很重要的是系统工程技术革命和系统学科学革命。"[4]

"现在全世界都注意到生物科学、生命科学的突飞猛进，都认为到下个世纪生物科学、生命科学将同工程技术结合起来，出现继当今的

————

[1]《钱学森书信选》编辑组.钱学森书信选（上卷）[M].北京：国防工业出版社，2008：84.

[2]《钱学森书信选》编辑组.钱学森书信选（下卷）[M].北京：国防工业出版社，2008：866.

[3]《钱学森书信选》编辑组.钱学森书信选（下卷）[M].北京：国防工业出版社，2008：719.

[4]《钱学森书信选》编辑组.钱学森书信选（下卷）[M].北京：国防工业出版社，2008：736.

信息革命之后的又一次产业革命，即以生物生命技术为龙头的产业革命。"[1] "今天我们更面临影响全社会的生物科学技术革命……生物科学是中国社会主义建设的有力武器……今天的生物学已不是传统的划分了；除了植物学和动物学之外还有非常重要的菌物学。"[2] "我认为，生物工程和生物技术是21世纪的一项重大科技革命，其影响将会超越生物学本身，我称之为人类社会的'第六次产业革命'。而且，生物工程的成果直接影响到农业，对于我国扶贫事业及进而发展现代化农业有直接的意义……"[3]

"产业革命的动力根源在于科学技术的发展进步……重要的是要有科学技术的创新。"[4] "产业革命是由生产力发展所导致的生产体系和经济结构的飞跃，所以产业革命的巨大变革既包括生产力也包括生产关系。当然它也必然影响社会结构，带来社会上层建筑的变化。但产业革命不改变国家的根本制度。"[5]

邓小平同志指出："科学技术是第一生产力。"

钱学森院士指出："科普事业是伟大的，是社会主义文化的重要组成部分……我们现在的任务是逐渐弄清'科普学'——科普的理论。"[6] "科学普及工作在今天已有发展：可以分为两大方面，一方面

---

[1] 《钱学森书信选》编辑组.钱学森书信选（下卷）［M］.北京：国防工业出版社，2008：713.

[2] 《钱学森书信选》编辑组.钱学森书信选（下卷）［M］.北京：国防工业出版社，2008：872.

[3] 《钱学森书信选》编辑组.钱学森书信选（下卷）［M］.北京：国防工业出版社，2008：866.

[4] 内蒙古沙产业、草产业协会，西安交通大学先进技术研究院.钱学森论沙产业、草产业、林产业［M］.西安：西安交通大学出版社，2009：536.

[5] 《钱学森书信选》编辑组.钱学森书信选（下卷）［M］.北京：国防工业出版社，2008：1119.

[6] 《钱学森书信选》编辑组.钱学森书信选（上卷）［M］.北京：国防工业出版社，2008：92.

是大面积的科普，另一方面是对广大机关工作的干部的科普。前者又可分为农村及小集镇的'大农业'（即农、林、牧、副、渔、工、商贩、运输）的科普，和为城市的'大工业'（即工业生产、第三产业）的科普。这种大面积科普对提高劳动生产率关系极大，可以大大提高生产技术，叫产值翻番。这方面我们不是发明人，我们是从资产阶级那里学来的，但我们要加以发展罢了。现在这项重要工作由省、市、地、县、乡的科协在抓。科协工作者的任务是提供教材。后一方面对干部的科普，也可以归入干部的继续教育，这也非常重要，'科盲'是当不好干部的。这里也是一个提供教材的工作……这样，经典意义的科普是上面讲的大面积科普，对象在我国有几亿人。派生出来的是对干部的科学教育，对象有千万人。"[1]

第三节　建立高度产业化体系

畜产品综合深度加工、综合利用是草产业概念的核心内容，也是变革草原畜牧业传统生产经营管理方式的一个重要内容。钱学森院士指出："所以我提出的林产业、沙产业和草产业，都强调是知识密集型的，要把现代科学技术，包括生物技术、信息技术都用上。而且一开始就搞产业化，形成生产、加工和销售一条龙，并注意综合利用。这种高技术产业化的农业，实际上已和工业及经贸、服务等第三产业结合起来了。"[2] "草产业的概念不仅是开发草原、种草，还包括饲料加工、养

　　[1]　《钱学森书信选》编辑组.钱学森书信选（上卷）[M].北京：国防工业出版社，2008：260.

　　[2]　甘肃省沙草产业协会，中国治沙暨沙业学会，西安交通大学先进技术研究院.钱学森宋平论沙草产业 [M].西安：西安交通大学出版社，2011：39—40.

畜、畜产加工。" [1] "知识密集型的草产业可否用一句话来概括？即：这个草产业要最有效地把草原草地草滩上的太阳光能，首先通过植物、然后动物，再加水资源、能源及其他工业材料的投入，最后产出的是直接上市场零售的商品。所以是草业加深度加工业。" [2] "产业就是高度综合的生产系统了，要利用一切可以利用的现代科学技术，也不限于生态系统，不限于生物，还有机械加工，化工生产。" [3]

"草业也就是草产业，是以我国北方大面积草原为基础，以种草、收草开始，用动物转化，多层次深度加工，包括食品工业、生物化工等综合利用的知识密集型产业。" [4] "宏观草业或草产业是在大草原发展的以草为基础的综合其他种植、养殖、加工的大产业，将来会在内蒙古等地出现。" [5]

钱学森院士提出的知识密集型农业型草产业产业链的内容，一是在大草原上进行人工种草，并进行初加工，大力发展饲料加工业；二是利用经过加工优化的牧草养殖牲畜，搞多种养殖，如家禽、水产和菌物等；三是对阳光赋予的草畜产品进行综合深度加工，综合利用；四是加工生产的产品作为商品在市场上销售、交换，钱学森院士将其称作一条龙产业链；五是高度知识技术密集，不仅把已有的科技成果用于产业链的各个环节，还要继续研究创新开发新技术、新工艺、新产品，研究开发产品新功能、新用途，提高畜产品在国内外市场上的竞争率和占有

[1] 《钱学森书信选》编辑组.钱学森书信选（上卷）[M].北京：国防工业出版社，2008：536.

[2] 《钱学森书信选》编辑组.钱学森书信选（下卷）[M].北京：国防工业出版社，2008：632.

[3] 顾吉环，李明，涂元季.钱学森文集（卷四）[M].北京：国防工业出版社，2012：164.

[4] 《钱学森书信选》编辑组.钱学森书信选（上卷）[M].北京：国防工业出版社，2008：259.

[5] 《钱学森书信选》编辑组.钱学森书信选（上卷）[M].北京：国防工业出版社，2008：216.

率；六是建立草产业市场体系，进行市场化运作，企业化管理、社会化生产、专业化协作，促进产业化深度发展。

第四节　建立市场经济草产业体系

钱学森院士说："第六次产业革命的重点变革在于生产组织，大规模的集团式经营；换句话说第六次产业革命是直接利用第四次产业革命的成果——集团式公司组织，于'绿色农业'和'蓝色农业'。"[1]

1990年1月27日，钱学森院士在给李毓堂同志的信中说："去年12月1日，李鹏同志在全国农业综合开发经验交流会上有两段重要讲话。他说：'发展农业，一靠政策，二靠科技，三靠投入是句老话。老话还得说，但要给予新的含意。家庭联产承包责任制要稳定不变，继续执行下去，这是保护农民积极性的重要措施。但是停留在这个水平上，只靠家庭联产承包责任制，农业要上新台阶是不够的。现在在有条件的地方实行双层经营体制是可行的。服务体系的建立和发展要靠各级政权部门的支持和组织，各级党委和政府都应给予足够的重视和引导。服务体系发挥集体经济的优越性，而家庭联产承包责任制保持了农民的积极性，两者相结合就能发挥出更大的作用。这个服务体系是为农民服务的，一定会受到农民的欢迎。'李鹏还指出：'农业科技推广是个大问题。我们有许多很好的、比较成熟的适合中国国情的农业科技成果，但很多还停留在实验室和试验田里面。农业科技推广，一是要解决投入，二是要解决农业科技队伍深入到农村的问题，三是要对农民进行科学技术教育、

[1]　《钱学森书信选》编辑组.钱学森书信选（下卷）［M］.北京：国防工业出版社，2008：1062—1063.

培训。农村教育必须加上农业职业教育，这样才能巩固发展农村教育，并推动农技的推广。'"[1]

钱学森院士说："李鹏同志的这些话是有道理的，在我国的一些农业发达地区已经实现了，如苏南地区的昆山县，有一户农民共六口人，有老人小孩，所以折算成2.5个全劳动力；他们承包了60亩地和4亩水塘，当然全部农活2.5个劳动力是不够的，他们靠的是集体制的产前、产中、产后的专业化集体制服务公司。而昆山县有预见，地区性农田水利实施搞得很好，又支持并组织了完整的农业服务体系。这家农户，2.5个劳动力一年纯收入1.7万元，每个劳动力年收入6800元！这就是社会主义的中国农业，土地全民所有，家庭联产承包，专业集体制服务公司，政府组织并做必要的投入，同时发展教育及科技。到2050年全国要实现这样的农业，而且承包户的承包田亩不是60亩，而会扩大规模到600亩，承包户成了承包'厂长'了。这种农业经营模式实际也是世界一般的现代化模式；我们与资本主义国家的区别，一个根本区别，在于土地的全民所有制，在于中国共产党领导的社会主义制度。"[2]

"中国农业历史正在跨入一个前所未有的伟大新时代：从个体、一家一户务农变为公司型集体农产业组织，从自然农业变为高技术的农业生产，从只生产粮、棉、肉到农、畜、药、工、贸结合的现代化企业。所以可以说，农产业不是第一产业的农业，而是第二产业的生产企业了。第一产业将从历史上消失！这么大的变化也就要求我们'换脑筋'……总之，我们要学习邓小平同志建设有中国特色的社会主义理论，解放思想，跟上社会主义商品经济的步伐，进入伟大的新时

---

[1] 《钱学森书信选》编辑组.钱学森书信选（上卷）[M].北京：国防工业出版社，2008：495.

[2] 《钱学森书信选》编辑组.钱学森书信选（上卷）[M].北京：国防工业出版社，2008：496.

代！"[1] "我们科技委中的农业专家们要换脑筋，进入社会主义市场经济，农技推广队伍也不能再靠吃皇粮。实际上国内先进地区已组织了市场经济的农产业，形式各异，但都是把农技作为其中的一个组成部分，效果很好。"[2] "在现代中国第三次社会革命中的第六次产业革命，其核心思想是……将传统的第一产业改造成类似现代第二产业的新型产业。它将是集信息、金融、管理、科技、生产、加工、运输、商贸于一体的集团公司。"[3]

"我想我们应该研究如何总结这些人民群众的创造，设计出社会主义中国的农业组织体制。这一新农业生产和流通体制可否是：（1）股份合作公司；（2）土地入股；（3）劳力入股；（4）资金入股；（5）技术参股？由公司根据市场信息设计生产，提供种子、肥料，由入股农民种地，由公司提供技术及实施机械化耕、收。收成由公司包售。这是说从整体设计上解决农业科技推广队伍的问题，也把双层经营体制一体化了。这将是我国农业体制的根本性改革，我们将一大步赶上并超过西方发达国家。您看能办吗？我还是在想第六次产业革命呵。"[4]

"但现在办这所中专级的武汉生物工程学校也必须瞄准最先进的社会主义市场化农业，即今日已在各地出现的所谓'龙型'企业集团：是以市场信息为龙头的，股份合作企业，由公司根据信息设计农、林、牧、副、渔等的年度生产计划，然后与农民达成生产协议，由公司提供种子、种鱼、种兽，提供科学技术，提供产前、产中机械化服务，最后

　　[1] 《钱学森书信选》编辑组. 钱学森书信选（下卷）[M]. 北京：国防工业出版社，2008：877.

　　[2] 内蒙古沙产业、草产业协会，西安交通大学先进技术研究院. 钱学森论沙产业、草产业、林产业[M]. 西安：西安交通大学出版社，2009：334.

　　[3] 《钱学森书信选》编辑组. 钱学森书信选（下卷）[M]. 北京：国防工业出版社，2008：930.

　　[4] 《钱学森书信选》编辑组. 钱学森书信选（下卷）[M]. 北京：国防工业出版社，2008：895.

收购农民收获，同时扣除提供的服务费用。公司再将收购产品在工厂加工为成品上市。加工过程中的附属物又可返回农田，充分利用。"[1]

"第六次产业革命就是要消灭个体操作的第一产业，使农业也进入第二产业和第三产业，从而大大引入现代科学技术。现在我国也有这样的例子，如山东省就出现所谓龙形农业组织；在一个地区，由一个公司牵头，叫集团公司，下面有农产品加工厂，有市场贸易公司，集团公司还有科技服务公司、农业服务（包括种子、化肥、农机、灌溉）公司。集团公司与农户签订合同，提供信息和服务，收割后按合同收买农产品。这不是第一产业了，是第二产业、第三产业。我想再过30年、50年，这就将是社会主义中国进入中等发达国家的农业，是新时代的农业。"[2]

"我想我国农业面临的大问题是用现代市场经济及现代科学技术改造传统农业，也是坚持社会主义产业'两个转变'。我认为这实际是农业产业化，即我国的第六次产业革命。"[3]"'农业产业化'一词实际是指农业作为第一产业向现代化的第二产业转化，所以在将来人类社会历史上起过重大作用的第一产业会消失，变为农、工、贸一体化的现代化的大企业。"[4]

钱学森院士于1990年肯定苏南地区昆山县一户农民承包60亩土地取得成功的事例，认为它是中国农业模式，也是世界一般的现代化模式，同时对草产业提出了一个类似的模式："（1）草原土地全民所有；

[1] 《钱学森书信选》编辑组.钱学森书信选（下卷）［M］.北京：国防工业出版社，2008：899.

[2] 《钱学森书信选》编辑组.钱学森书信选（下卷）［M］.北京：国防工业出版社，2008：1033.

[3] 《钱学森书信选》编辑组.钱学森书信选（下卷）［M］.北京：国防工业出版社，2008：1185.

[4] 《钱学森书信选》编辑组.钱学森书信选（下卷）［M］.北京：国防工业出版社，2008：1186.

（2）草牧畜结合牧户联产承包（要加'畜'，不能'公有私养'），可以土地面积承包，面积几百亩至千亩；（3）组织服务集体公司，包括屠宰公司、副产加工厂、饲料加工厂、草种公司、飞播公司……这是要投资的；（4）政府组织及地区建设。以上四条，后两条最难，现在无人管，国家农业部也顾不上！而且需要为40多亿亩草原投资几千亿元！所以，我还是建议国家设国务院草原管理局。"[1]

1995年3月16日，钱学森院士在致王明昶同志的信中指出："我认为问题在于要建设一个合乎社会主义市场经济和现代科学技术的草产业体系，不然只从技术方面推是推不动的。而好在您那里已出现了个镶黄旗的好典型。"[2] "《内部参考》1995年1月27日第9期13~15页有篇报道，《镶黄旗进行牧区运行机制和管理体制改革》，讲了这个总人口不到3万人的旗，就临近河北省之便，已先行一步，建立了小行政，把原来旗的商业、粮食、物资、牧机等四个局转为企业；再结合由旗食品公司冷库为龙头成立了牧工商联合总公司；下有技术综合服务体系。再明确草场制度与产权关系，调动了牧民的积极性。全旗形成了一个从治养草场、牧畜、畜品加工成肉食、绒毛等市场商品一条龙的组织。这是现代化草产业了。我读了这篇报道后心里非常高兴，您要创立的草产业有了起步了！进一步发展是提高草场质量、改良畜种、产品深度加工，佐以交通信息建设，则镶黄旗人均收入年数千元是指日可待的！"[3]镶黄旗的工作"是在正确方向的启步。"[4]

[1]《钱学森书信选》编辑组.钱学森书信选（上卷）[M].北京：国防工业出版社，2008：496.

[2]《钱学森书信选》编辑组.钱学森书信选（下卷）[M].北京：国防工业出版社，2008：1032—1033.

[3]《钱学森书信选》编辑组.钱学森书信选（下卷）[M].北京：国防工业出版社，2008：1014.

[4] 刘恕，涂元季.钱学森论第六次产业革命：通信集[M].北京：中国环境科学出版社，2001：160.

我国的社会主义市场经济体制和机制已初步建立，并在逐步完善和成熟。产权制度改革不断深化，市场在要素优化配置中发挥着决定性作用，政府发挥重要作用，全国统一的大市场正在形成。

建设合乎社会主义市场经济体制的草产业体系，当前重点：一是市场化的微观改造；二是建立市场经济体制机制，按市场规律运作，企业化管理、社会化生产、专业化协作。

一、微观改造主要是建立草畜工贸一条龙集团公司，这是建立市场体系的基础

作为草产业基础产品的草及牲畜，虽然民间商品交换早已有之，也有部分产品如绒、毛、皮、肉产品进行社会化生产，但从总体上看，草产业仍属于小牧户、小规模的生产经营。最突出的表现是，企业组织机构没有建立起来，社会化服务体系短缺，生产经营管理方式粗放落后，科技含量少，产业化水平低，生产规模小，生产力得不到充分发挥。结果是畜牧业发展速度慢，草原生态恢复慢，牧民个人收入增长慢，牧区经济发展慢。因此，对草原牧区进行市场经济体制改革，建立草产业社会主义市场经济体系是十分紧迫且必要的。

上述钱学森院士讲到的关于农工商综合生产体系或集团公司的案例，虽然是专讲大农业产业革命的生产组织，实际上包括农业五大产业在内，他对其中农产业（农田）、林产业、沙产业都有类似意见。对草产业，钱学森院士讲到内蒙古锡林郭勒盟镶黄旗的做法，根据其所举案例和设计方案以及大规模集团式经营等一系列论述，是否可以理解为：

（一）草地全民所有。

（二）家庭或合作承包。

（三）旗县政府组建草畜工贸集团公司，公司实行混合所有制。总公司为国营或国有控股，下设若干分公司，如草业、草原改良（保护

建设）、生产服务、畜产品加工、多种经营、购销、运输、收储等。分公司视需要可设在乡镇苏木或村嘎查；基层也可以组织服务性合作社、协会或个体户。总公司下设的二级、三级公司是不同所有制的或股份制公司。组织体系可逐步成立完善，但先在乡镇苏木或村嘎查把产前、产中、产后各类小型服务体系（草业生产的种子、技术、收割、初加工、仓储、牲畜改良、销售）等建立起来并具体运行。这类组织可先于总公司，在乡镇苏木或村嘎查组织。总之，最终要成为集信息、金融、管理、科技、生产、加工、运输、商贸为一体的集团公司。

（四）公司与承包户建立协议关系，或直接成为公司基层生产单位。公司根据信息和需要指导牧民生产，提供种子，调剂种公畜，提供技术和产前、产中、产后服务，收购、销售牲畜及畜产品或加工上市。

（五）政府或公司举办草产业职业教育学校招生或培训所需人才；建立科研机构，创新研发解决草产业链条中从人工种草、集中工厂化饲养、饲草料初步加工、畜产品综合加工、利用开发新产品及产品新功能，到储运、销售、开辟市场、信息化、智能化等问题；建立草产业科学技术体系，用科学技术加产业化、市场化改造草原畜牧业，不断提升草原五大功能，提高经济、社会、生态效益，把大草原、把西部地区建设成繁荣、发达、美丽、欢乐的幸福家园。

以上设想，各地需要根据条件、设计方案、制度、政策，进行试点，总结经验，逐步推进。

建立草产业企业法人治理结构，建设合乎社会主义市场经济体制的草产业体系，是继草畜统一经营家庭承包责任制改革和对草原畜牧业传统生产经营管理方式变革之后的又一重大历史性、根本性改革，是对千百年来小规模、小牧户，分散经营、管理粗放、生产落后，靠天产草养畜的自然畜牧业经济的一次革命，是向先进的、现代化的以生态优先、绿色发展为主导的高质量发展，是实现草原增绿、牲畜增产、牧民增收、企业增效、环境增美、碳汇增量、地方增税（收），社会、经济、生态三效统一，生产、生活、生态良性循环，高产、优质、高效、生态、安全发展和共同富裕为目标的一次飞跃。

草产业是供给侧产业链，也是生态链、致富链，不仅供给人们高质量饮食、财富、优美环境，还供给轻工业原材料，供给外贸出口产品。建立法人治理结构，将会极大地发挥草产业"三链"作用。

二、建立草产业市场经济体制，要按市场经济规律运作

钱学森院士说："草产业是社会主义企业了，不仅需要科学技术，而且要经济、政治、法制、金融等方面的能力，信息在这里就非常突出。"[1]

（一）市场化运作。市场是一个有多种含义的经济范畴，是指商品交易场所和销路，是商品交换关系的总和，也是资源配置的手段。逐步建立社会主义市场经济体制，以市场机制来调节和运行经济活动，用市场手段来优化配置资源。在进入中国特色社会主义新时代的今天，市场配置资源要起决定性作用，同时要更好发挥政府作用。草产业是以草原上的草为基础，形成草业加深度加工业的产业，又是国民经济的供给侧产业。供给侧产业在当前和今后一个时期还是我国经济发展和经济工作中的主线。因此，草产业的市场化要坚持生态优先、绿色发展、高质量发展的原则不动摇，以满足人民群众对美好生活的期望和国内外市场需求，既要经济高效益，更要达到"三效统一""三生良性循环"的高效果。

（二）产业化经营。产业是国民经济的行业和部门，也指现代工农业生产。钱学森院士指出产业就是高度综合的生产系统。草产业是草畜

---

[1] 《钱学森书信选》编辑组.钱学森书信选（下卷）［M］.北京：国防工业出版社，2008：975.

工牧一条龙生产、加工、贸易的产业链体系，当然要进行产业化经营，主要是不断研发新产品和产品新功能，综合加工综合利用，不断进行产业化，把链条延伸出去。

（三）企业化管理。企业是从事流通或服务性活动，并获取盈利的独立核算、自主经营、自负盈亏的经济组织，是现代社会经济的基本单位，是国民经济的细胞。在社会主义市场经济体制下，产业链条中的每个环节都应以企业的组织形式来构建和管理。一家一户的放牧方式，远不能适应新时代、新要求、新环境的新形势了。想扩大生产规模，想提高产量产值，想增加收入，就应主动联合、主动合作，组成合作社、协会或企业公司，主动加入、参与村嘎查及乡镇苏木组建的公司，或入股、或签约，参与或接受公司的各种服务。当然，公司要在党的领导下选配、聘任或民选有志于为民服务、热心于基层工作、有责任感、有事业心、懂经营、会管理的优秀分子担任公司领导。先从各种服务开始，逐步深化、壮大公司组织机构，最后形成草畜工贸集团公司。

（四）社会化服务。草产业是一个大系统，生产环节多，工作内容复杂，科技含量要求高，因此社会服务项目多。草产业服务项目可分两大类，一是为政府或集团公司服务，为草原保护建设改良利用，提供基础设施建设及管护、牲畜改良、疫疾病防治，组织加工储用企业、牧民培训及科研、交易等服务；二是为牧民服务，如人工种草、饲草料加工、机械储运等产前、产中、产后服务。

（五）专业化协作。专业化协作是社会化生产、现代化建设的必然趋势和结果。专业化生产把社会生产分解成各自独立的企业和部门；协作又把这些进行同一生产、作业且分散独立的，或彼此有配合、可配套或有经济联系的企业、部门和生产者联合成有机的整体。加强专业化生产单位的协作联系，有利于组织的协同劳动，协力完成同一生产活动，保证产品质量；有利于发挥集体生产力，提高劳动生产率；有利于分工合作、节约时间；有利于整合并充分利用资源，节约生产费用，降低生产成本。这种专业化协作方式对草原畜牧业乃至整个草产业是很适合很有利的，也有利于地方经济和整个国民经济的发展。

（六）区域化布局。我国草原面积大，各地的区域、地质、地形、气候、水资源、植被类型、种养品种都有很大差异。因此，各地要从实际情况、条件和市场需求出发，充分发挥自身优势，布局优势草畜品种，打造主导产业和名牌产品，进行市场化运作，吸引生产要素、专业人才，实行专业化生产、专业化协作。

三、加强党的领导和政府主导

建立合乎社会主义市场经济体制草产业体系，是继变革草原畜牧业传统生产经营管理方式后的又一次重大改革，是一次真正建设现代化草原畜牧业、真正建设关系农业产业革命的草产业的一次飞跃。这么大的改革，会涉及诸多问题，还会影响生产、生活。因此，必须在党的领导下，在调查研究基础上制定政策措施，制定改革方案、步骤，组织培训工作队伍，进行不同试点，总结经验，逐步推开。要改出广大各族干部群众的积极性，改出"三牧"繁荣昌盛的大好形势，改出草产业建设上新台阶、进新阶段。

第五节　实行高产、优质、高效、生态、安全生产方针

一、高产、优质、高效、生态、安全农业方针很科学很全面

钱学森院士说："李鹏总理在八届人大一次会议上的政府工作报告

中，虽有生态农业字样，但国家的农业方针是建立高产、优质、高效、生态、安全的农业。这一提法是符合我国社会主义实际的，也很科学而全面。总之，生态农业的提法不全面，只能作为高产、优质、高效农业的部分措施，切忌以偏概全……我们应该用更全面的提法：'高产、优质、高效、生态、安全的农业。'"[1]

"我认为：把生态经济学作为社会主义经济中要下功夫研究的一门学问是正确的。但社会主义农业应该明确是以高产、优质、高效为目的……我的提法是以生物和阳光为基础的，充分利用地理资源的农、林、牧、渔、工结合的产业，简称为农产业。我们中国人要用马克思列宁主义毛泽东思想独立思考，不要跟着洋人喊！"[2]

"近来因想到建设社会主义的高产、优质、高效农业（大农业），并同中国科学院李振声副院长交换意见，觉得'生态农业'的提法最近很流行（外国货），但有片面性。应该用开放的复杂巨系统的概念来推动高产、优质、高效的农业……5）农产业系统；6）林产业系统；7）草产业系统；8）海产业系统；9）沙产业系统。这五个方面都是第六次产业革命的工作对象。"[3]

"农业生产要做到高产、优质、高效，就必须从老一套思维中解脱出来，即'解放思想，实事求是'，认识到农业生产是多因素组合的系统工程；而不是研究工作中的单因素试验……农业生产是系统工程，不是单项研究能完全解答的。"[4]

————————
　[1]　《钱学森书信选》编辑组.钱学森书信选（下卷）[M].北京：国防工业出版社，2008：766.
　[2]　《钱学森书信选》编辑组.钱学森书信选（下卷）[M].北京：国防工业出版社，2008：767.
　[3]　《钱学森书信选》编辑组.钱学森书信选（下卷）[M].北京：国防工业出版社，2008：768.
　[4]　《钱学森书信选》编辑组.钱学森书信选（下卷）[M].北京：国防工业出版社，2008：855.

"我近日在《经济日报》读到关于小康村及都市化村庄的报道，深感缺少对发展高产、优质、高效农业的措施。用我的话，没有推进第六次产业革命的觉悟！"[1]

从以上钱学森院士关于高产、优质、高效、生态、安全农业的论述中，我们进一步明确了发展知识密集型农产业的几个认识上的大问题。

（一）高产、优质、高效、生态、安全是发展农产业的总方针，也是农业生产的标准，即产量要高、质量要优、效益要高、有机绿色、安全无害，它全面概括了对农产业生产的最高要求。

（二）农产业是指包括农产业（农田）、林产业、草产业、海产业和沙产业的大农业产业。

（三）解放思想、实事求是，必须从老一套思维中解放出来，认识到农业生产是多因素组合的系统工程。

（四）要有建设农业五大产业的认识和觉悟，积极主动想办法，制定措施推进农产业革命。

（五）坚持中国特色社会主义思想，要用马克思列宁主义、毛泽东思想独立思考，用更全面的提法，如高产、优质、高效、生态、安全农业总方针来统一我们的思想认识。

二、高产、优质、高效、生态、安全草产业的内涵

"要提高农业的效益，就在于如何充分利用植物光合作用的产品，尽量插入中间环节，利用中间环节的有用产品。例如利用秸秆、树叶、草加工配合成饲料，有了饲料就可以养牛、养羊、养兔，还可以养鸡、养鸭、养鹅；牛粪可以种蘑菇，又可以养蚯蚓。养的东西都是产品，供

---

[1] 《钱学森书信选》编辑组.钱学森书信选（下卷）[M].北京：国防工业出版社，2008：774.

人食用；蚯蚓是饲料的高蛋白添加剂。它们排出的废物也还可以再利用，加工成鱼塘饲料，或送到沼气池生产燃料用气。鱼塘泥和沼气池渣才最后用来肥田。"[1]

"现在农村缺燃料，往往把作物秸秆当柴烧，肥料和有机质不能还田，是个大损失。"[2]

"江泽民同志在十六大报告中讲到西部大开发问题时提出：'积极发展有特色的优势产业'。内蒙古的优势产业是什么？我认为就是沙产业和草产业，这是内蒙古新的经济增长点。只要内蒙古的同志紧紧抓住了这两大产业，真正建设成知识密集型的沙产业和草产业，内蒙古的社会主义现代化建设就会迈上一个新的台阶，内蒙古的生态环境也会得到改善。"[3]

"看了您们的材料，我认为内蒙古东达蒙古王集团是在从事一项伟大的事业——将林、草、沙三业结合起来，开创我国西北沙区21世纪的大农业！而且实现了农工贸一体化的产业链，达到沙漠增绿、农牧民增收、企业增效的良性循环。"[4]

钱学森院士告诉我们，高产、优质、高效、生态、安全草产业内涵是广义的、全面的。

（一）充分利用植物光合作用的产品，进行深度综合加工、综合循环利用，不浪费、无废弃。

（二）成为经济增长点。

————————

[1] 上海交通大学.智慧的钥匙——钱学森论系统科学［M］.上海：上海交通大学出版社，2005：260.

[2] 上海交通大学.智慧的钥匙——钱学森论系统科学［M］.上海：上海交通大学出版社，2005：260.

[3] 内蒙古沙产业、草产业协会，西安交通大学先进技术研究院.钱学森论沙产业、草产业、林产业［M］.西安：西安交通大学出版社，2009：540.

[4] 内蒙古沙产业、草产业协会，西安交通大学先进技术研究院.钱学森论沙产业、草产业、林产业［M］.西安：西安交通大学出版社，2009：537.

（三）改善生态环境。

（四）食品要有机绿色无公害。

（五）促进现代化建设上台阶。

（六）实现生产、生活、生态良性循环，社会、经济、生态三效统一。

（七）增加社会财富，提高农牧民收入水平，缩小地区差距和贫富差距。

（八）开创我国西北地区的大农业，改变西北地区贫穷落后状态。

（九）解决地区间发展不充分、不平衡问题。

这些都是高产、优质、高效方针的应有之义。

三、建设高产、优质、高效、生态、安全草产业，进行多种经营

（一）草产业理论的最终经济目的就是高产、优质、高效、生态、安全，所以遵循钱学森理论建设草产业，必然实现高产、优质、高效的目的。

（二）多种经营是实现高产、优质、高效、生态、安全的重要途径和条件。

钱学森院士指出："我们应该区别草业与草产业。现在大家只是把畜牧业扩大到草业，看到草及饲料生产的重要性了。但离知识密集型的高度综合、多种经营的草产业还有很大的距离，我想草产业在我国40亿亩～60亿亩草原、草地上的实现，大概是21世纪的事了。"[1] 钱学森院士明确提出草产业必须有多种经营的内容。

钱学森院士还说："高度综合的概念还可以用另外一个例子来说

---

[1] 《钱学森书信选》编辑组.钱学森书信选（上卷）[M].北京：国防工业出版社，2008：373.

明：今年1月21日《经济参考》上载有国家林业部部长杨钟同志的讲话……我想如果我们国家有位草业部长，他今天也可能讲出类似杨钟同志说的，除草畜统一的经营之外还有①种植，②营林，③饲料，④加工，⑤开矿，⑥狩猎，⑦旅游，⑧运输等经营活动。草业产业也是一个庞大复杂的生产经营体系，也要用系统工程来管理，也当然是知识密集型的草业产业了。"[1]

　　钱学森院士把多种经营的范围从43亿亩草原扩大到60亿亩草地。这就说明，不仅草原草产业需要搞多种经营，林区、农区以及西南地区的草山、草坡都应该加以利用，发展多种经营，而且事实说明，草产业理论及做法也适用于农区、林区及西南地区的草山、草坡。钱学森院士曾说过，这些地区经过努力、实干，也可以建成草产业。

　　草原面积很大，潜力也很大，有着丰富的地下、地上及文化资源，大草原上的山水林田湖草沙为发展多种经营具备了地理条件和可能。但是我们也必须明确，大草原是以生态为基础的，受制约的因素较多，生态脆弱性也很明显。因此，在大草原上发展多种经营，必须坚持生态优先、绿色发展、高质量发展原则和遵守法律法规及国家规划、计划、安排，不允许有损草原安全、有损生态环境、有损资源节约、有损资源永续利用可持续发展等直接或间接破坏草原的行为出现。在上述原则、法规、规划、要求基础上，有组织、有计划、有论证、有管理地合理有序发展多种经营和资源利用，以提高经济效益。

　　（一）首先是人工种草。引进培育良种，建立种业机构；在营养最优期收割加工、储藏，发展饲料工业；组织各类种养加、产供销、科工贸服务公司。

　　（二）系统治理山水林田湖草沙，形成多种经营。治理沙漠水土流

────────────
　　[1] 顾吉环，李明，涂元季.钱学森文集（卷四）［M］.北京：国防工业出版社，2012：164.

失的大小流域，应按照钱学森沙产业理论，选择有经济价值的沙柳、沙棘、柠条、文冠果、沙漠饲料桑及适地果类等树种及草药、花卉种植。治理盐碱化土地，可种盐碱水稻、红高粱、碱葱等。碱湖可养鱼、虾、蟹及已有湖虫。治理山水也有种养项目。

（三）建设草原林业。现在，在草原上有一些人工或天然次生疏林，将来要根据需要，配合草本植被栽种适生林，栽种乔灌防护林或经济林。如在"三北"地区选种文冠果。文冠果耐贫瘠、耐干旱、耐盐碱、耐寒热、抗性强、适应性强，一代人种植十代人受益。它浑身是宝，可形成保健茶、药、油、碳汇和文化旅游五大产业。种柠条。柠条耐干旱、耐风沙，可混合牧草、农作物秸秆及树木嫩枝、叶、梢加工精饲料。我们还可用柠条改造沙地和沙蒿草场，在人工饲草地上种植高蛋白灌木饲料桑。饲料桑含蛋白30%左右。桑叶可作为茶叶，能降糖保健。草原上生长着大量药材，可选择适种土地或优势药材进行种植。

（四）搞多种养殖。养蚯蚓，将其做成饲料高蛋白添加剂。养鱼、虾、蟹等水产动物。养蜜蜂，种蘑菇，养法律允许的其他动物。

（五）废物资源化。如有机垃圾、下脚料、工业三废等，可利用菌物生产有用产品，可办沼气池制沼气。沼气池可大可小，可各户自办，也可以居住集中点联户办，也可以根据条件，由公司、集镇办。气能照明、做饭、取暖、发电等；废渣是最好的有机肥料，肥田肥草，减少病虫害。沼气池只要有温度，能发酵，就能生产。

（六）发展文化旅游。发展旅游业是草原地区的一大优势。广阔草原，蓝天、白云、清流、绿地、鸟语花香的风景加上草原人民的热情好客，歌舞演唱及独具特色的人文风情，对旅行爱好者有很强的吸引力。我们可以在建设防护林网或改造荒漠草原时栽种文冠果，在四五月文冠果的开花期举行旅游文化节，开展旅游活动，既有吸引力，又比北方传统旅游期提前一二十天。

（七）乡镇苏木要养殖螺旋藻。螺旋藻有五大功能，含蛋白高达

50%～70%，营养丰富，可供人食用，是优质的保健品。它可以调节酸碱度，下脚料用作饲草料添加剂，增加蛋白质。国家农业部曾于1980年决定在全国推广养殖螺旋藻，有几个省出现普及趋势。

（八）在待恢复植被的沙漠、戈壁、沙地及荒漠化较严重的草原，建设风力发电和太阳能光伏电场。光伏电场建设一定要与治沙治荒、恢复草地、充分利用土地资源结合起来。比如光伏板底架做到2.5～2.7米，下面可以种植两层灌草。种灌木，如文冠果，也可在树行株间种豆类、药材。文冠果怕水泡、喜阳光，在光伏架下种植要精心设计，要留出光照空间。

（九）根据资源及条件，只要解放思想，有创新意识，多种经营的项目会不断派生出来。

（十）传承并开发非物质文化遗产，充分发挥其社会文化作用。

（十一）组织开展文化体育培训、竞技活动，组织民间乌兰牧骑式文艺轻骑队，活跃群众文化生活。

（十二）引进有益于健康、向善、向上的社会、经济、科技项目及活动，等等。

发展多种经营，也要坚持高产、优质、高效、生态、安全方针和不浪费、无废弃原则。

第六节 基础设施建设和草原地理建设

钱学森院士指出："地理系统是开放的复杂巨系统，它包括自然和人，以及人造的交通、能源、通信设施……人在通过实践了解到客观世界的规律后，就要能动地利用了解到的客观规律去改造客观世界……用科学技术，我们可以改造地理系统，使它更有利于人类社会的生存发展。这也可以是地理科学的总精神。"[1]

"地理科学也是人居环境科学……除了整治污染等之外，还要开发建设出一个更美好的世界。"[2]"地理建设也是社会主义建设，下分环境建设和基础设施建设。将来还有全国跨地区的调水，海水淡化等。信息高速公路建设也是21世纪的大事。更不说还有铁路、高速铁路、公路、高速公路、河运海运设施及船舰制造、空运和管运。还有造林绿化，改造沙漠戈壁。总之，我们要把社会主义中国建成为人间乐园！所以您们的眼光要看得更高些、更远些！"[3]

"中国的沙荒、沙漠、戈壁是可以改造为绿洲的，草原也可以改造为农畜业联营，等等；这样，就是中国的人口发展到30亿，也可以丰衣足食！地理科学大有作为呵！"[4]

钱学森院士还提出，我国地理建设内容及理想的地理环境设想：大量植树，森林覆盖率达到30%～50%；治理江河流域，水土保持完好，无山崩、无泥石流；兴建的水利资源充分合理利用，防洪、防涝、防旱，南水北调；治理黄河，让黄河水清；中国西半部（以兰州、成都、昆明南北为线）要与中国东半部平衡，大力发展交通，建设公路、铁路，建设水运、航运、管运；地震预报预防；充分利用能源，清除废气、废液、废渣，发展水电、核电，防治污染；防治荒漠化，改造农林业，实现农、林、草、海、沙五种以阳光为能源，通过生物生产的产业；气象预报及人工造雨等；建立信息网络等；居住地园林化，建设山水城市；

　　[1]　《钱学森书信选》编辑组.钱学森书信选（上卷）[M].北京：国防工业出版社，2008：565—566.

　　[2]　《钱学森书信选》编辑组.钱学森书信选（下卷）[M].北京：国防工业出版社，2008：1199—1200.

　　[3]　内蒙古沙产业、草产业协会，西安交通大学先进技术研究院.钱学森论沙产业、草产业、林产业[M].西安：西安交通大学出版社，2009：379.

　　[4]　《钱学森书信选》编辑组.钱学森书信选（下卷）[M].北京：国防工业出版社，2008：1029.

建设港口海岸等。

按照钱学森院士的地理科学思想，对大草原进行两大类建设，一是草原作为地球表层的地理环境建设；二是作为草原草地资源的开发建设，建设知识密集草产业的基础设施。无论哪类建设，都有土建工程，因此，必须首先明确建设规则，防止造成破坏。

建设规则：

（一）坚持逐步利用可以利用的高科技、新科技、高质量发展原则。

（二）坚持"生态优先、绿色发展原则和节约优先、保护优先、自然恢复"为主方针。

（三）坚持有利于人类永续利用和生存发展原则。

（四）坚持按照规律办事原则。遵循地理科学规律，遵循草畜统一经营规律。

（五）坚持有利乡村振兴、美丽中国建设战略和实现共同富裕原则。

（六）坚持进行综合统筹、顶层规划设计，科学调研、勘测、论证，一体化保护、建设、整治、改造、利用原则。

（七）坚持遵循法律法规，杜绝长官意志、形式主义、短期行为原则。

我国43亿亩大草原是一个开放的复杂巨系统。

山水林田湖草沙是我国的地理形态和生态资源。其中，草地占绝对多数，除河流及流动沙丘、固定沙山外，都有草生长。我国的八大沙漠（五大沙漠在内蒙古）、四大沙地（全部在内蒙古）都在大草原境内。沙地和沙漠边缘原本就是草原，因草原退化和流动沙丘侵占形成了沙地、沙漠。经过多年的治理，内蒙古境内的五大沙地及一大沙漠，如果不出现大的干旱气候，从地球上消失的趋势已明显可见。

治理沙漠沙地应按照钱学森沙产业理论进行。近40年的实践经验证明了钱学森沙产业理论的正确性、科学性和实用性。钱学森沙产业理论是20世纪对全人类普惠性最大的科学发现和科研成果之一。钱学森沙产业理论技术路线是多采光、少用水、新技术、高效益；产业原则是市场化、可持续、长链条、无废弃，规律是将治理蕴含于开发之中——生态产业化、产业生态化；方法是生物方式治理，种植品种坚持适地适种适法原则。阿拉善盟境内巴丹吉林、腾格里、乌兰布和及巴音温都尔部分沙漠边缘及之间的戈壁沙梁上种植梭梭接种肉苁蓉、种白刺接种锁阳，种植的甘草、苦豆子、文冠果都很成功，而且形成一批沙产业产品近百种。鄂尔多斯市毛乌素沙地及库布其沙漠主种灌木沙柳、柠条、梭梭、甘草、葡萄等，生态、经济效益很高。

近几年，有企业试种文冠果取得成功。锡林郭勒盟浑善达克沙地种黄柳、沙柳、柠条、樟子松及药材、牧草，治理效果显著。在通辽市的科尔沁沙地种植杨树较多较密，治理效果很好，但地下水位在一些年份下降较多，出现树木死亡现明。赤峰市、通辽市种植文冠果较早较多，生态表现十分好。

破坏草原的另一个自然因素是江河流域的变化，导致不断出现小水道小径流，如果不及时整治，就很容易由小变大，小水道变成小渠，小渠变成大渠小沟再到塌方，长此以往，草原面积将越来越小。所以，必须根据当地水文地质实际，采用生物与工程结合的方法加以根治，既留住降水补充地下水，又增加植被资源。种植品种还是坚持适地适种适法"三适"原则，一般是在沟底种植乔木或河柳等，在山坡种植柠条、沙棘等灌木，在两渠两沟中间的梁地上种草或文冠果等。

北方草原上的主要矛盾是水草、草畜、畜人三大矛盾。水是水草原始矛盾关系中的主要制约因素。由于缺水，草的自然生长不快不茂盛，草少畜少，畜少牧民收益就少。因此，草原地理环境建设中的一个大项目是水，除了节约用水，提高水的利用率，使用人工降雨，留住降水以外，从长远考虑，南水北调，海水淡化供水是势在必行，其生态、经济、社会效益具有根本性的意义。

钱学森院士还提出，随着科学技术的飞速发展和我国经济实力的不断增强，我国地理科学领域要规划设计在22世纪，把青藏高原地区（包括青海省、西藏自治区、四川甘孜藏族自治州、四川阿坝藏族自治州及甘肃省甘南藏族自治州）230万平方公里的土地，建设成社会主义的21世纪的、世界最先进的"高原乐土"，以显示我国社会主义制度的优越性（参见1990年11月5日，钱学森致田裕钊书信）。

大草原上草产业的建设和发展需要与之相适应的健全的基础设施。一是交通运输网，需要建设公路、铁路和空港，在水草丰茂的草原地段可建高架路，节省草场；二是信息通信网；三是能源电力供应网，在牧户牧业小组居住点，在保证质量和修理服务的前提下推广住户屋顶分布式光伏发储电设备，节省架线投资；四是水利及人畜引水网；五是居民点和草产业小镇建设入户水电气等供给网；六是气象及"天象"，灾害预报及防治；七是矿藏勘测网；八是草原监察、防火、防治病虫害；九是整治绿化开发矿山资源形成的土堆坑口，恢复草原地貌形态及功能；十是生活生产垃圾资源化，利用有机垃圾生产菌业产品或制造沼气，固体垃圾则按金属、非金属分别回收处理。

总之，要按照党中央的要求，要把43亿亩大草原上的山水林田湖草沙地理形态及生物资源做好综合统筹、顶层规划设计，进行一体化系统化的保护、建设、整治、改造和利用，使以大草原上的草为基础的知识密集型草产业，成为我国扩大投资、拉动内需、共同致富的新领域，成为我国生态安全、食品安全、健康安全的新保障，成为我国经济建设、政治建设、文化建设、社会建设、生态文明建设五位一体建设的新示范。

第七节　若干规则和要求

钱学森院士不仅构建了一套完整的草产业宏观理论体系，也为如何建立建设草产业提供了一套详尽的规则和方式方法。

一、建立建设草产业首先是认识问题，要改变观念

要知道，草畜是共生体。畜是需要吃草的，没有草就没有畜。先有草后有畜，有草才能有畜。草是需要生长时间的，休牧就是为了给草生长的时间。草是基础，草多才能畜多，增草才能增畜。要想发展畜牧业，必须首先发展草业。重畜轻草，只讲牲畜，只发展畜牧业，没有认识到发展草业的传统的习惯性的错误思想，造成的社会、经济、生态问题很多，影响也很深远。这么做不仅在一段时期内使大批草原严重退化，使草原的五大功能及应有作用未能充分发挥，也影响了草及农产业革命的较早起步和快速发展。

二、大力做好宣传工作

这是一个很大的任务，是解决认识问题、提高认识的方法之一。做宣传工作，要有韧性，要有耐心，要宣传草业、草产业的深远意义和重大作用及前途前景，持久地宣传草业系统工程的作用和意义；要宣传典型事例，用对比的办法做宣传，总结经验教训，研究推不开的障碍和工作中的困难，以便有针对性地工作。

三、建立专门领导机构

建议国务院要设草业局，将来设草业部。2018年国家林业与草原局成立前，农牧渔业部只有一个处十几个人，管不过来。43亿亩大草原，是农田面积的近三倍，是社会主义建设的大事，一定要加强领导。同时，要贯彻中央精神，要把草业、草产业的建设大事列入议事日程，要制定政策。下边还应设立一些监理、监测机构和专业队伍。

四、办好教育

开设生物科学和生物技术专业。草业小镇要办草产业中等专业学校，培养专门人才；还要培训农牧民，提高牧民及牲畜养殖户的科学技术素质、管理水平和人工种草、改良牲畜、改良草原、产业化等相关知识，提高知识密集、市场化、多种经营、生态优先、绿色发展、高质量发展的意识和能力。

五、开展科学技术研究工作，应成立草业科学院

要研究直接为草畜服务的生物科学、生物技术、菌物筛选培育生产技术；研究培育适地优良牧草种子，牧草种植加工技术；牲畜改良防疫，畜产品用途开发、加工、销售、市场开发；粪便处理利用；市场体制、政策体系、系统工程等应用科学技术。

六、按规律办事

要总结研究掌握地区自然规律，要遵循草畜经营统一规律及草畜平

衡规律，还有马列主义科学规律。

七、依法办事

要遵守《草原法》《中华人民共和国环境保护法》《中华人民共和国青藏高原生态保护法》及相关法律法规。

八、规划设计试点

建设草产业，建设现代化草原畜牧业，运用各种科学技术和别人的经验成果，根据适合当时当地的情况条件，事先进行试点、试用，不断总结经验教训和方式方法，培养典型示范，然后进行宣传、培训、推广。切不可盲目跟进，走弯路，造成损失，在群众中产生不良影响，耽误工作时间和建设程度。

九、对畜产品要进行深度综合循环加工生产，综合利用，形成产业、产业体系、产业链条

一定要解放思想，开动脑筋，不断创新科学技术，不断开发产品的新功能、新用途，不断加入中间环节，加长产业链条，提高经济效益。

十、防治病虫鼠害

要尽量多用生物技术，利用虫鼠天敌，少用化学药物，以免造成草原污染，使畜禽受害并波及人类。例如用鸡防治蝗虫，用猫头鹰、鹰、黄鼠狼防治虫鼠害，用苦豆子、苦参碱等防治其他病虫害。

十一、北方荒漠草原，可利用柠条进行改造

（一）建成防护网，减少风沙侵蚀埋压。

（二）疏散播种或飞播柠条及适地灌木、半灌木或牧草。

（三）改造沙蒿、蒿子草场，用播撒柠条方法来代替沙蒿和蒿子。柠条是深根灌木，很少与草争水，秋冬落霜后，小畜可啃食，也可以将其平茬加工成饲料后舍饲、储备。搞林网也可以用文冠果或其他适地乔灌林种。文冠果本身耐贫瘠、耐干旱、耐盐碱、耐高温、耐低温，育苗栽种时，防止种苗受伤，受伤易死；土地太干的话，浇几次水且栽种生根后就会成活。它还能形成五大产业，实行多种经营，经济、生态价值很高。

十二、人工种植优良牧草

除柠条外，还可以种植沙地饲料桑、沙生木地肤及灌木驼绒藜、黄花苜蓿、蒙古黄芪、菌草等。

十三、组织起来，实行双层承包经营

一家一户的承包经营方式已不适应目前生产力发展的需要，也不能满足广大牧民群众扩大再生产、增草增畜、进入市场、提高效率效益、增加收入的需求。一家一户的承包经营模式，受到了劳动力不足、人才不济、服务跟不上、草场难统筹、科技难进来、市场难进去、规模难扩大的制约。不少牧民感到单干不如以前合作化时期好。因此，需要政府部门制定方案、制定政策，采取措施，组织推动双层承包经营，按照市场组织体制机制运作。

十四、全社会参与多部门协作

草产业是一个开放的复杂巨系统，它涉及政治、经济、社会、法律、文化、生态、工业、商贸、储运、科研、教育、金融、服务等各行各业，上联党政，下联群众，既是供给侧，又是消费侧，只有全社会参与、多部门协作，才能办成办好。这种大协作要纳入社会主义市场经济体制，发挥市场决定性作用和政府重要作用。

钱学森院士严肃指出，草产业建设是一个长期、艰巨、复杂的事业，农业产业革命将成为社会主义中国在21世纪中后期出现的世界历史第六次产业革命，并要迈向共产主义。如此伟大的事业，必须要有中国共产党的坚强领导。在党的领导下，有各级政府的主导，有"两弹一星"精神和经验，依靠广大人民群众，包括科学家和工程技术人员，我们一定能够克服各种困难，把祖国的西部建设成繁荣昌盛的家园，一定能迈向共产主义康庄大道。

第八节　运用系统工程的知识技术和方法进行管理

钱学森院士说："'系统工程'是组织管理'系统'的规划、研究、设计、制造、试验和使用的科学方法，是一种对所有'系统'都具有普遍意义的科学方法。我国国防尖端技术的实践，已经证明了这一方法的科学性。"[1]复杂系统的管理，要设一个总体设计部。钱学森院士

---

[1] 上海交通大学.智慧的钥匙——钱学森论系统科学［M］.上海：上海交通大学出版社，2005：26.

说："总体设计部由熟悉系统各方面专业知识的技术人员组成，并由知识面比较宽广的专家负责领导。总体设计部设计的是系统的'总体'，是系统的'总体方案'，是实现整个系统的'技术途径'。"[1]

钱学森院士指出："什么叫系统？系统就是由许多部分所组成的整体，所以系统的概念就是要强调整体，强调整体是由相互关联、相互制约的各个部分所组成的具有特定功能的有机整体，而且这个'系统'本身又是它所从属的一个更大系统的组成部分。系统工程就是从系统的认识出发，设计和实施一个整体，以求达到我们所希望得到的效果。我们称之为工程，就是要强调达到效果，要具体，要有可行的措施，也就是实干，改造客观世界。系统有自然界本来存在的系统，如太阳系，如自然生态系统，这就说不上系统工程；系统工程是要改造自然界系统或创造出人所要的系统。"[2]

钱学森院士进一步指出："此外还有一项为开发农业型知识密集产业的科学技术……一旦农业系统工程用到知识密集的农业产业、林业产业、草业产业、海业产业、沙业产业就能大显身手，不但在体系的组织，而且在日常生产调度上，都会显示出其威力。所以，研究发展农业系统工程是创建知识密集农业型产业的重要内容。"[3]

"系统工程是处理复杂组织管理工作的现代化科学方法……草产业就是一个非常复杂的生产体系，为了管好，就一定要用系统工程的科学方法。这才是草业系统工程。所以草业系统工程实际是草产业的组织、

[1] 上海交通大学. 智慧的钥匙——钱学森论系统科学［M］. 上海：上海交通大学出版社，2005：260.

[2] 上海交通大学. 智慧的钥匙——钱学森论系统科学［M］. 上海：上海交通大学出版社，2005：97.

[3] 上海交通大学. 智慧的钥匙——钱学森论系统科学［M］. 上海：上海交通大学出版社，2005：267—268.

经营、管理的学问。"[1] "草业产业也是一个庞大复杂的生产经营体系，也要用系统工程来管理。"[2]

"这样草业系统工程理论与应用研究在一起步就应考虑：根据全部科学技术成果，有什么可以为草业系统工程利用的？眼光放开，'种'如何改进？'养'如何改进？'加'如何改进？'产、供、销'如何改进？不要局限于当前的做法。例如：种草施肥，用化肥如何？只有这样才能考虑到下个世纪实现第六次产业革命的宏图。"[3]

钱学森院士对系统工程概念、内容、功能及开发农业型知识密集农产业并做好建设管理工作的论述，使我们进一步认识到建立草业系统工程对建设知识密集草产业的必要性和重要性。这也是促进以农业产业革命为主导的第六次产业革命，在21世纪中后期出现的必然要求。

草业系统工程不仅是经营管理草产业的知识、技术和方法，也是科学认识和建设草产业的知识、技术和方法。草业的基础是草原，草原首先是土地资源，土地作为草的载体并提供生命源泉的水资源，草再吸收阳光能源，成为草原。有草才能养畜，有草才能使草原形成以生态为基础的经济、碳汇、生物多样性、为社会服务等人类所需的五大功能。草原上的水、草、畜、人四大要素形成一个互相关联、互相依存、互相制约、互相矛盾，具有特定功能的有机整体和十分复杂的系统。其中，有土地系统、水的开发节约利用系统、草业的自然生产和人工种植加工利用系统，自然草原的保护、改良、监察、防火、防病虫害系统，草原的地理建设和草产业的基础设施建设系统，牲畜的改良饲喂系统，多种畜产品的综合深度加工系统，产品的包装、储运、销售系统，组织经营

[1] 《钱学森书信选》编辑组.钱学森书信选（上卷）［M］.北京：国防工业出版社，2008：259.

[2] 甘肃省沙草产业协会，中国治沙暨沙业学会，西安交通大学先进技术研究院.钱学森宋平论沙草产业［M］.西安：西安交通大学出版社，2011：24.

[3] 《钱学森书信选》编辑组.钱学森书信选（上卷）［M］.北京：国防工业出版社，2008：335.

管理服务系统，还有为之服务的机械系统、科研教育系统、人才系统、行政社会管理系统、智能化操作系统等等。这么多大大小小的要素和复杂的系统，需要也只有用系统工程的方法去研究认识，建立草业系统工程，进行管理运营。系统工程还有一个功能，"就是从系统的认识出发，设计和实施一个整体，以求达到我们所希望得到的效果……系统工程是要改造自然界系统或创造出人所要的系统。"[1]

曾在农业部长期担任我国草原行政管理的负责人，原牧区办主任兼草原处原处长李毓堂同志（曾任农业政策研究会研究员、国务院京津周围绿化领导小组办公室副主任、中国系统工程学会草业专业委员会主任、中国草原学会秘书长和常务理事长，国务院农业技术突出贡献证书及特殊津贴获得者，曾获科学技术进步二等奖等国家级奖多项，主笔起草我国第一部《草原法》），在钱学森草产业理论思想指导下，创建了草原系统工程基本理论模式，现摘录于下（内容选自《钱学森知识密集型草产业及第六次产业革命的理论与实践》，李毓堂编著）：

草业系统工程的基本模式。为了探索发展草产业的具体途径，在钱学森理论指导下，针对解决草业生产和管理系统中存在的各类老大难问题，经过十多年在20多个省区市40多个试点项目的反复实践，创立了草业系统工程的基本模式（见下图）。

[1] 上海交通大学.智慧的钥匙——钱学森论系统科学［M］.上海：上海交通大学出版社，2005：97.

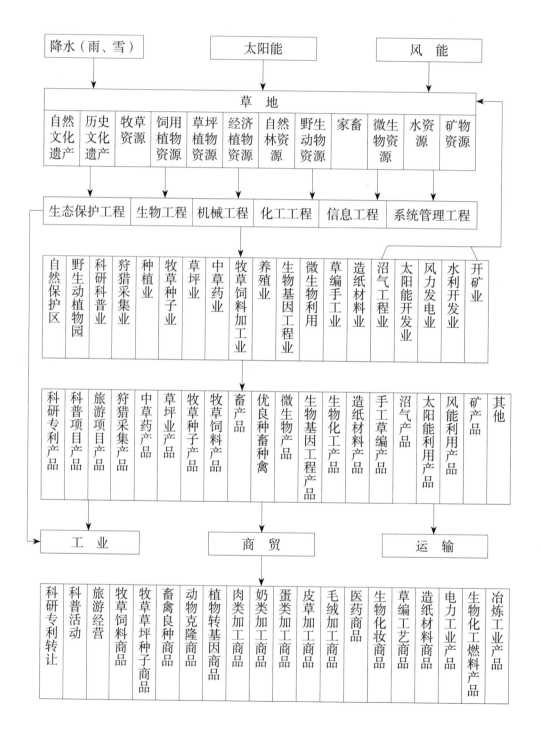

知识密集型草产业示意图

草产业系统与分系统图

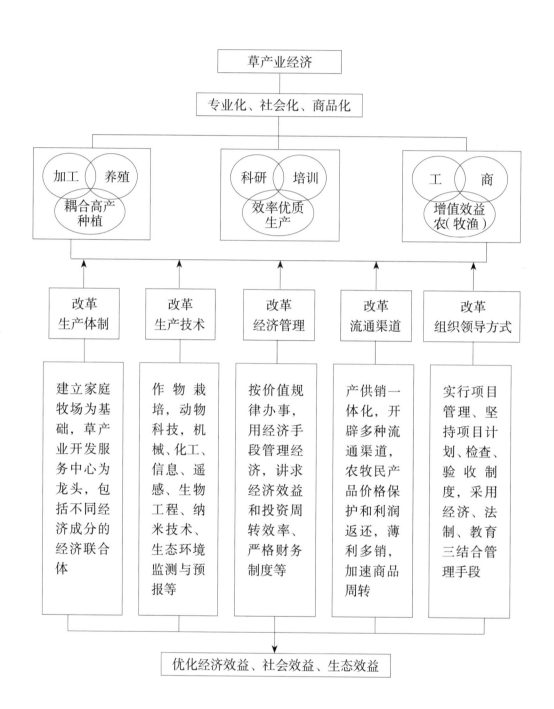

草产业系统工程基本模式图

概括为：

（一）明确一个总体目标，即以发展专业化、社会化、商品化的现代草产业经济为目标；

（二）实行三个"三结合"的方针，即种植、养殖、加工三结合；生产、科研、培训三结合；牧、工、商三结合；

（三）采取五项改革措施：即①改革草地和牧业生产经营体制，建立以适度规模家庭牧场为基础，草业开发服务中心或公司为纽带，包括国营、集体不同经济成分在内的新的经济联合体；②改革生产技术，运用现代草地改良、科学养畜及畜产品加工等一切先进技术手段，实施技术改革；③改革经济管理，坚持按价值规律办事，用经济手段管理经济，讲求效益的制度；④改革产品流通体制，坚持贯彻改革、开放、搞活的方针，草业经济联合体实行生产、服务、流通三结合，产、供、销一体化的体制；⑤改革项目的组织领导和管理方法，要求项目按照程序实施、检查、验收，由草业经济联合体运转，管理措施中采用法制、经济和教育三结合手段，保证项目健康发展。

草业系统工程基本理论和模式，在内蒙古项目运用中，获得了国家部级科技进步二等奖。

第九节　草产业的意义

建设草产业的意义十分重大，草原地广人多、财富丰厚、生态环境重要。没有草产业，三大差别、两大差距难消灭，第六次产业革命难实现。

（一）保证生态优先、绿色发展。修复草原植被，促进山水林田湖草沙系统综合治理，增强草原生态、经济、生物多样性、社会服务和碳汇等五大功能。草原这五大功能的意义和作用，在人类社会中不可或缺、不可代替。

（二）振兴草原畜牧业，促进国民经济基础建设，为国民经济发展提供一个坚实的农业型基础产业。农业成为国民经济的基础，应包括农产业、林产业、草产业、沙产业、海产业，共五大产业。这才是一个完整、雄厚、强大的基础。有这样一个基础，即使农耕地跌破18亿亩红线，人口增加到15亿、20亿、30亿，也能让群众过上丰衣足食的生活；即使地球上的矿产资源全部用完，我们也可以继续生存发展。

（三）提高单位畜产品产量，增加畜产品总产量，提高畜产品质量，为轻工业及相关产业发展，提供绒、毛、皮、肉、奶、油、蛋、粪、杂等足够多的高质量原材料。我国草原面积大，潜力也大，增草增畜、草多畜多，草的营养价值高，畜产品才能增量提质。原材料成规模、质量高，才能促进相关产业的起步发展，为国家提供几千亿、几万亿甚至更多的产值。每年可能获取几千万吨的牛羊肉食和大量的乳品，为牧民增加收入、创造财富，为政府扩大税源，促进西部地区乡村振兴、经济社会发展和不同地区各族人民共同富裕。

（四）增加动物食品、动物蛋白。动物食品、动物蛋白，既可节约粮食，又可改变人民群众的饮食结构，增强人民体质，促进健康中国建设，贯彻落实大健康战略。

（五）我国地广人多，地形地貌复杂，气候降水也复杂，旱涝风雪冻等各种自然灾害频发。草产业发展了、壮大了，草农互补，粮畜结合，以丰补歉，可以从国家全局上极大地减少因自然灾害造成的损失。

（六）为科学技术提供用武之地。为生物科学、生物技术，包括生物化工、新技术革命的生物工程技术，如细胞工程、酶工程、遗传工程，生物的养殖技术及生物产品的深度加工技术等发展、开发、创新提供动力和广阔用途。

（七）为经济运行双循环战略，构建新时代新格局，开辟新的投资领域和新的经济增长极。虽然进入21世纪，特别是在党的十八大以后，草原畜牧业有了长足的发展进步，但仍然是国民经济基础中的一个薄弱领域，社会主义经济建设中的一个短板，也是我国经济发展不充分、不平衡，在区域、产业和人群方面的体现，是地区差距、贫富差距的重要根源。其发展开发潜力远未挖掘。如果按照钱学森院士草产业理论，抓紧变革草原畜牧业传统生产经营管理方式，大力投入科学技术和资金、精力，生态环境会恢复得更快，经济社会效益会很快彰显出来。

（八）促进缩小消灭地区差距、贫富差距、城乡差别、工农差别。大力发展草产业、沙产业，就会使四大差距、三大差别中后进后富的一方加快发展提高，甚至是跳跃式的发展提高，进而加快四大差距、三大差别缩小的程度和速度，最后加上其他产业的发展，连同脑力、体力劳动一起被消灭。

（九）全面深入贯彻《草原法》，为开创科学合理保护、建设、利用草原的历史新阶段，提供了新的理论、路子和方法。

（十）建成现代化的草原畜牧业，使草原畜牧业摆脱靠天养畜的自然型经济状态，实现建设畜牧业稳定发展、高质量发展，实现人与自然和谐共处的目标。

（十一）带动南方草山、草坡和农区、林区、沙区微观草业发展。带动农区农作物秸秆饲料化，发展养殖业，增加粪肥入田，提高脱贫致富成果巩固率和共同富裕普惠率。

（十二）促进钱学森院士提出的要在21世纪的中国实现一次农业产业革命，即世界历史上的第六次产业革命。

（十三）为充分发挥消费和投资作用，提供有效投资领域和建设项目，为经济运行双循环提供有效产品和更大领域，为乡村振兴提供产业条件。

小　结

（一）草畜是共生体，必须统一经营。牲畜是要吃草的，没有草就没有牲畜。先有草后有畜，有草才能有畜。草是需要生长时间的，没有生长时间或生长时间短，就不能提高产草量，而且草也长不成熟，不能产籽繁殖。休牧就是为了给草提供生长时间。草是基础，增草才能增畜。要想发展畜牧业，必须首先发展草业。只有人工种草，才能既多养畜又保护草原。草畜经营统一，是生产经营管理的体制统一、方式统一、草畜平衡统一。这是发展草产业的一个规律。

（二）草原除了为牲畜提供饲草外，还有四项重要任务：一是为人类提供优美健康的生态环境；二是为生物多样性提供生产生存家园和条件，人类的生存离不开生物多样性；三是为人类提供碳汇，吸碳呼氧；四是为人类社会提供旅游、文化等休闲服务。所以，保护建设草原，保持草原的绿色兴旺，才是我们的第一要务。保护草原就是保护畜牧业发展，就是保护生态、保护人类自身、保持永续发展。

（三）草产业是知识密集型农业五大产业，是农产业、林产业、草产业、海产业和沙产业中面积最大的一个生产系统，是以我国北方大面积草原为基础，以种草、收草开始，通过牲畜等动物转化，对丰富的畜产品及可狩猎动物的绒、毛、皮、肉、奶、油、蛋、骨、粪、杂十大类，进行多层次深度综合加工，包括食品、乳业、纺织、皮革、服装、医药、饲料、肥料、化工等加工业，以及包装、储运、市场营销等综合利用的高度产业化、高度科学技术密集型产业，是建设现代化草原畜牧业的必经之路。

（四）草产业不仅不断生产可再生资源，拉动种养加科工贸永续发展，保证生态持续好转，创造绿水青山、金山银山，创造财富、强国富民，还能有效增加动物食品、动物蛋白，改变人民群众饮食结构、增强人民体质，促进健康中国建设，更能有效保障我国粮食、食品安全。我国地广人稀，地形地貌、气候水情都很复杂，旱涝风雪冰冻灾害频发，还有世界性温室效应影响及百年未有之大变局，不确定因素增多。草产业的发展壮大，会使畜牧业生产保持稳定，并有逐步增长趋势。这样，草农结合、粮畜互补、以丰补歉，可以从国家全局上极大地减少天灾人祸造成的损失。

（五）草产业是一个有效投资的大领域、大项目。人工种草、草原改良保护、牲畜棚圈建设、畜产品研发加工仓储运销和牧区各类基础设施建设及草原地理建设等等项目，需要投资。除了公共设施需要国家投资外，牧户畜群投资都可以有偿进行。这些项目都是必要投资，都会与国内外双循环的消费和外贸出口拉动国民经济高质量健康发展。

（六）钱学森草产业理论集中体现了中国农业产业化，农业产业革命即第六次产业革命的理论。农业产业革命理论思想完全符合我国人多耕地少、人均资源匮乏、农村人口多及农业结构中草原面积大、沙荒土地多的国情，也符合当今新技术革命和第五次产业革命的时代特征。我们要想生存发展，丰衣足食，保证粮食食品安全，满足广大人民群众对物质文化生活的需求，消灭历史上形成的工农、城乡、脑力劳动和体力劳动三大差别，消灭在社会主义初级阶段不可避免地出现的贫富差距、地区差距，实现共同富裕，就必须进行农业产业化和农业产业革命。引入高新技术及高新技术产品如新材料、信息技术等，将会出现前所未有的新产业。产业革命是由生产力的发展导致的生产体系和经济结构飞跃，所以产业革命的巨大变革既包括生产力也包括生产关系。当然，它也必然影响社会结构，带来社会上层建筑的变化。高新技术，包括生物工程技术、信息产业技术将引发人类历史上的第六次产业革命。这就是中国农业产业化、农业产业革命并且形成人类历史上的第六次产业革命的必要性和必然性。

（七）钱学森草产业理论揭示了草原畜牧业的发展规律——草畜经

营统一。它是一个保护建设草原生态、发展壮大草原畜牧业的理论；是一个科学开发利用占40.9%国土面积财富资源的理论；是一个补齐短板，增强供给侧能力的理论；是一个促进农业产业革命、乡村振兴、健康美丽中国建设，缩小消灭三大差别、两大差距，实现共同富裕的理论。